我們該談談人生的最後一件事

善終，是留給準備好的人

溫蒂・蜜雪兒 Wendy Mitchell、安娜・沃頓 Anna Wharton——著
盧相如——譯

One Last Thing

最後一本書除了獻給我的女兒莎拉和潔瑪，還能獻給誰？

感謝成為自己的你們

推薦語

本書作者溫蒂・蜜雪兒身為早發性失智症患者，考慮在疾病惡化時選擇「協助死亡」與「自主停止飲食」（又稱斷食善終）作為人生謝幕的方式。她是如何在生命自主、減少受苦、家人期待、生命長短與生活品質間做出最終的選擇？這正是台灣社會與醫界必須開始對話的議題。

——常佑康，

台北慈濟醫院放射腫瘤科主治醫師、「預立醫療照護諮商門診」諮商醫師

死亡激起的恐懼，是禍亦是福，端視我們如何善用這種必然。相信此刻有緣讀到這段文字的讀者，必能從這本書裡，找到更多種理解與面對生命最後一段旅程的觀點。

——蘇益賢，

臨床心理師、初色心理治療所副所長

專文推薦

失智症患者善終的艱難

陳乃菁

作為老年專科醫師又以失智症為主，很自然的，我的病人多數是高齡人士，當他們喊我醫生時，我難免會想到：比起「生」，其實我比較接近他們的「死」，畢竟人人都需面對生死大事，於是我更重要的角色往往是幫助患者走人生最後一程時能少些顛簸折磨，多點平穩舒適。

當然這很難，艱難到連已經送許多失智患者離開人世的我，有時都會下意識地不想提起這個話題。在我們的文化中，死亡本身已難開口討論，更難的是涉及失智，走向死亡這條路會更加漫長，畢竟，與相對可預期的癌症進程對比，失智患者的死亡時機和過程可說大不相同。

造成不同的原因多且複雜，但多半與患者本身個性相關。畢竟人的個性百百種，不是每個人都能坦然談論生死，加上失智患者的認知功能受病症影響，聽晚輩提起死亡相關議題就可能生氣。若失智長輩特別看重金錢，本身又還有經濟自主權，那麼當家人為避免將來家庭糾紛而想預立遺囑，失智長輩更可能會怪罪晚輩是別有居心地想從自己身上拐騙。

與失智患者談死亡是艱難的，但我們還是要談，與長輩談外，家人間更要提早討論，瞭解大家對長輩最後一程的看法，以及到最後關頭時的決策。我的經驗是：越有共識的家人，越能讓長輩人生的最後一段路走得安穩，特別是已經好好照顧過長輩的兒女們，他們知道自己已經盡力照顧，即使過去親子間有糾結，在照顧過程中都有機會得到開解，於是可以安心放手幫助長輩選擇少折磨的道路。

我的病患莊爸爸正是如此，他長年受失智症所苦，到後期已經失語臥床，幸好兩個兒子相互扶持，莊大哥做主要照顧者，莊二哥盡力輪替來讓哥哥有喘息的機會。他們父子間的相處感動了我，甚至為此拍攝紀錄片，拍攝過程中莊爸爸走了，透過鏡頭我們看見失智患者最後一程也能平靜安詳。

影片放上網路公開後，獲得許多迴響，也讓我想起人的死亡或許真是冥冥中早有安排，每個人都有自己離開的時間，每個死亡都能教導還活著的人如何面對生死。而我們能做的，就是提早思考死亡，不要等到自己罹患重病，更不要等到自己受失智影響而無法清楚判斷。當我們在中年、在日常都能不懼討論死亡，我們就能更珍惜當下，以及對如何度過將來的人生做更好的安排。

因此這本書《我們該談談人生的最後一件事》便能幫助我們提早走最後的人生路，這條路並非只有單一條路徑和唯一的軌道，端看走在路上的人如何面對，以及照顧他的人如何協助。這本書平易近人，裡面的對話幫助大家看到面對死亡的不同想法與態度，也能側面學習如何與家人和專業人員溝通。鼓勵大家一起參考書中內容，思考自己對於死亡的想像與準備。

本文作者為陳乃菁診所院長、高雄長庚醫院兼診醫師你我皆可活兩次，頓悟再無來生，前塵方逝，今生方始。

前言

死亡。從這個地方開始寫一本書真奇怪。乍一看，這不就是結局？還有什麼比死亡更加終了，更不可避免？死亡很偉大，對每個人都一視同仁，無論我們多麼想避免它。當然，這取決於你的宗教信仰，你是否相信在這一世之後還有來生，或者死亡就只是一個黑洞？在我寫作時，我關心的不是：在我們死後，等待我們的是什麼？因為等我們到了那裡，自然得去發掘。還是把注意力集中在另一段旅程上吧，一段通往不可避免的旅程——我現在正走在其上。

讀過我前兩本書《即使忘了全世界，還是愛著你》（*Somebody I Used to Know*）和《失智症患者想告訴你的事》（*What I Wish People Knew About Dementia*）的讀者都知道，二〇一四年七月三十一日，我被診斷出患有早發性失智症和阿茲海默症。當時，我在英國國民保健署（NHS）擔任輪值經理，工作繁忙，是個撫養兩個女兒的單親媽媽，熱衷於跑步，這個診斷讓我停下了腳步。

我深陷憂鬱之中，這在被診斷出罹患重大疾病的人身上很常見。這點不難理解。我們都知道自己會死，但在多數情況下，找出時間好好沉澱心靈卻是一種奢侈。相反地，我們忙於生活，忙於等待下一個假期，忙於計算離下一個週末還有幾天，或是我們希望現在就能啟程出發，並說服自己，一旦我們甩掉心裡那塊頑固的石頭，或者堅持我們對自己的承諾，只要吃得好並鍛鍊好身體，我們就會活得更快樂。未來總像是有著一些什麼在等待著我們，讓我們更加珍惜生命。也許這就是我們所說的希望，是人類生存的美好部分——但希望取決於時間，並不是所有人都擁有這樣的時間。

持續惡化疾病或絕症的診斷帶走了這種希望，或是至少使其閃耀的光芒變得晦暗，以致在這段時間裡，你會覺得無法穿透降臨在我們面前的烏雲。

我仍記得那些烏雲，那些絕望。我之前說過很多次，失智症是一種令人沮喪的診斷，任何持續惡化疾病或絕症都是如此。這是無法避免的。但我認為，醫護人員的態度讓我的診斷變得更加難以承受。他們讓我以為一切就是這樣了，因為他們沒人告訴我可以有怎樣的不同。

有些人在得到這樣的診斷後，就一直待在烏雲中，苦苦尋找重回光明的道路。

也許他們認為這樣做毫無意義。畢竟，我們生活的社會顯然更看重健全的身體或健全的心智。但是，在我自己與失智症共同生活的過程中，我意識到這種特殊的持續惡化疾病有個開始，也有個結束，而在這中間還有那麼多可以過的生活，我的思緒何苦非得奔向那些結束的篇章不可？也許我仍想取得發牌權，說服命運我取得了掌控權，它殘酷的驚喜對我起不了作用。

我強烈地感受到了這一點，所以我在我的兩本書中都寫到，在罹患絕症或持續惡化疾病之後，我們仍有希望，我對此仍堅信不移。我還寫道，同樣是這些診斷結果，如何能讓我們更加清醒地活在當下，如何讓我們之中的許多人帶著這些診斷結果生活——活著，而不是死去——更加活在當下，並在某種程度上，讓我們比收到診斷之前更有活力。這是我們人類不可思議的生存本能，一種使我們透過烏雲看到光明的能力。

患有失智症九年來，烏雲降臨的頻率越來越高。在這些烏雲密布的日子裡，讓我堅持下去的是希望，希望明天會更好。但是，更多時候，一天變成了兩天，變成了三天、四天、五天，烏雲籠罩著我，讓我的思緒像膠水一樣黏著。但希望依然存在——明天也許會更好。我安慰自己，這個念頭還在繼續燃燒，我並沒有走入絕境。我仍然是我，雖然不完全是我過去認識的溫蒂，但至少還能辨認出來。

然而，我開始意識到有一個盡頭，即使在它接近時我看不到。我知道，在我完成寫作之後，我將有更多日子在迷霧中度過——直到有一天，我再也找不到回去的路。因此，我想把注意力轉向終點。這也是我以死亡作為本書開頭的原因。

如果我能夠適應身患持續惡化疾病的生活，我想我也能夠適應走向生命盡頭的生活。在這本書的一開始，我想知道終點對其他人和我來說是什麼樣子，我將邀請所有人前來與我——還有你——討論這個問題。我將提出我們都可能會有的問題：終點會是什麼模樣？會有痛苦嗎？我現在能做什麼讓我感到舒服些？如果我覺得我可能會受苦，我可以怎麼做來加速終點到來？我的寫作夥伴安娜．沃頓將一如既往地陪在我身邊，她是我之前兩本書的合著者。在迷霧籠罩、思緒混亂的日子裡，她會為我提出問題。

我想邀請你閱讀這本書，就好像你加入了安娜和我以及我們邀請來分享經驗的人之間的對話。有些故事和答案讓人感傷，有些則會讓你發笑，但我希望你在閱讀時，也能拉把椅子，手捧一杯茶，和我們一起坐在桌旁。如果你願意，可以在故事結束時暫停一下，寫下你的感想——我會留出空間讓你這麼做。

請不要害怕：在接下來的篇幅中，你可能會發現令你恐懼的東西。我並不是要告訴你必須如何面對死亡，或是你應該要有什麼樣的感覺。我只是想溫柔地提醒你，總有一天它會到來，你準備得越充分，與醫療團隊和你所愛的人交談得越多，你就越有能力活在當下，你不需要罹患持續惡化疾病或絕症才能做到這一點。我將與你分享我對死亡的感受，其中一些內容可能會讓你吃驚。請不要因此悲傷；要知道，我正在盡我所能做出自己的選擇，就像總有一天，你也會做出你的選擇。我願意成為一盞指引方向的明燈。

請把這本書當作一份禮物，透過對未來的驚鴻一瞥——只要瞥一眼，然後專注於當下。有了這些，我們將繼續生活下去，而要做到這一點，我們需要談談死亡。

溫蒂・蜜雪兒，二〇二二年秋

推薦語　3
專文推薦　失智症患者善終的艱難　陳乃菁　5
前言　9

一　關於死亡的對話　17

這幾乎就像是我為他們打開了一扇門。他們以前沒有進行過這樣的對話，因為他們怕會讓人不舒服。這並不一定要是一場悲慘的對話——你可以開懷大笑，知道你已經實現了某個人最後的願望，這就減輕了留下的人的愧疚。進行這樣的對話，會讓病人和他們的照護者感覺好很多。

二　關於臨終關懷的對話　65

當一個人能夠分享自己的願望時，臨終關懷才顯得有意義。我們必須幫助臨終者接受生命的結束，並信賴他們所愛的人能夠落實他們的意願，不必在情緒紛亂的情況下做出充滿壓力的決定。從預立醫療自主計畫到葬禮安排，我們越是能夠分享我們的願望，我們就越有機會獲得善終。

三　關於拒絕治療的對話　97

如果我再次發生心臟驟停，那我所有關於拒絕心肺復甦術的文件都已經備妥。我現在拒絕所有化療和手術。很多人認為這是一種負面思考，但對我來說，這不是負面思考——這是我在掌控自己的生命，這是我在主張我並不想死，但我不想被困在這個身體裡，而不能去做我希望它去做的事。

四　關於協助死亡的對話　149

與多發性硬化症患者的對話／法律現況／與緩和照護醫生的對話／與倡議協助死亡者的對談／與反對協助死亡者的對話／與臨終者家屬的對話／與協助死亡醫生的對話／與我自己的對話

但願我們這些疲憊不堪——如此疲憊不堪——的人，最後能夠選擇休息。不只是我們所有患有慢性病、持續惡化疾病或絕症的人，還有我們之中那些希望避開生命末期階段的人，我們之中那些希望像計畫生命中的其他部分一樣，計畫其終點的人，那些希望在我們還能說再見的時候道別的人，那些希望有權考慮協助死亡的人。

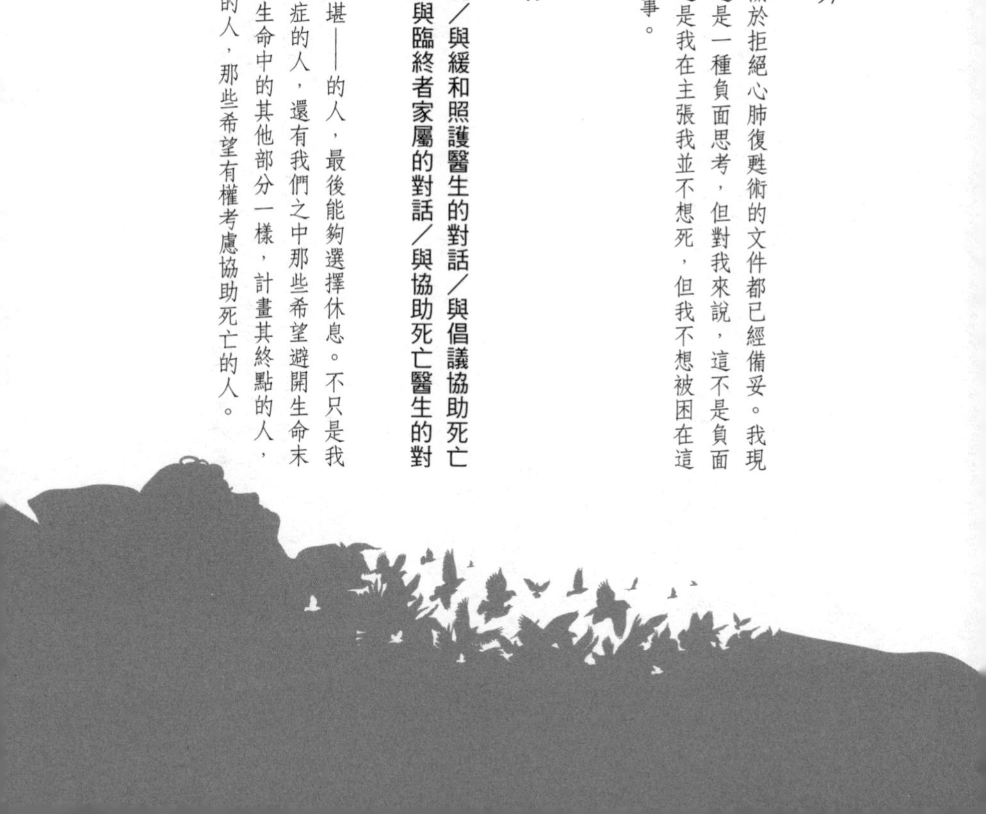

五　關於生命的對話　223

當你該鬆開被施加在生命上的桎梏時，當你該稍微張開手指時，當你該更執著地感受時間的流逝時，你就不會感到恐懼，因為你會更深刻地感受到，對於我們所有人來說，該發生的終將發生。你會更直覺地知道，控制不過是一種幻覺，過去如此，現在也是如此。這時，你才能真正開始活著。

最後一件事……後記　239

致謝　253

畢柳鶯醫師想請你思考的三階段選擇　257

相關資源　259

病人自主權利法　267

病人自主權利法施行細則　277

提供預立醫療照護諮商之醫療機構管理辦法　285

安寧緩和醫療條例　291

一　關於死亡的對話

「我是說，椰奶到底要拿來做啥？」

我坐在客廳裡，對面是我的朋友大衛。他最近剛遭逢喪妻之慟，其實，我們同樣遭受失去的痛苦，他的妻子希維婭是我的摯友。然而，他的問題仍然令我莞爾。我知道希維婭也會同樣樂開懷。

他說：「她一直沒機會告訴我。」

接著，我們之間一陣緘默。

我曾在第二本書中寫到失去希維婭的過程。我寫到作為失智症患者，喪慟對我的影響，我大腦中的這種疾病，如何將我的情緒削弱至只剩下快樂和悲傷。然而，儘管它是一種殘酷的疾病，卻也像是老天贈予的禮物。就我而言，在我最親密的朋友因卵巢癌去世後，失智症在某種程度上麻痺了我的悲慟。這意味著，前一刻我還在為再也見不到希維婭而悲痛欲絕，下一刻卻又為了另一件完全不相干的事情而開懷大笑。目睹這一切肯定是件奇怪的事，而那天，事情的起緣卻是為了椰奶。

希維婭在知道自己不久人世之後，就有很多計畫。她一直很想教大衛如何做飯，卻一直沒有機會，而大衛直到現在才開始在廚房的櫥櫃之間翻找，找到一罐罐滿是異國風情的椰奶罐頭，卻不知道自己到底該拿它們怎麼辦。

希維婭和我於一九九五年結識。我認識她的時候，她還是我的上司，是她給了我一個在醫院前台工作的機會，讓我這個育有兩個女兒，多年來一直以清潔工作為生的單身母親，有機會證明自己。沒多久，希維婭和我之間便形影不離。我們見證了彼此經歷的許多人生創傷：雙親的離世、婚姻結束，當然也包括婚禮和迎接孩子出生等許多喜悅。因此大衛知道，如果有人會知道希維婭究竟拿椰奶做什麼，那個人肯定是我。

「這是她的咖喱的祕方。」我告訴他。

三十年前，我教希維婭如何做咖喱，但她總想要自己去尋找配方，改進我教給她的食譜——希維婭就是會這樣。她在某處讀到，椰奶是她所需的東西，於是這便成了她的祕方。友誼就是如此，不是嗎？不斷地付出和回報，彼此交換想法，持續一生，或甚至更長。當我被診斷出患有失智症時，希維婭一直陪伴在我身邊，幫助我研究病情，熱衷於瞭解我所參加的臨床試驗。她告訴我，當她得知自己罹癌時，我啟發了她。她以同樣的方式處理自己的疾病，堅定地研究臨床試驗和治療方法。

「我像你一樣堅強。我可以面對這個問題。」她說。

現在輪到我支持她，就像她支持我一樣。但我迫切希望我們能交換位置，或者更準確地說，我希望把癌症從她的身體裡取出，放到我自己的身體裡，不過，千萬不要讓她遭遇失智症所受的痛苦。在我看來，希維婭還有那麼多的人生要過，她有個她愛慕的丈夫，兩人才結縭不久，他們在婚姻之中還有許多共同生活經歷要一起度過，而我已遭醫生診斷出罹患無法醫治的重症。我知道我對她說過好幾次，如果可以的話，我很樂意代替她罹病。這顯然不公平，我仍待在這世上，每天做著自己還能夠做的事情，以創造我的未來，卻沒有真正的計畫或長期的想法——我可以輕易地將死亡納入自己這場等待的遊戲裡頭。而希維婭卻還有許多計畫尚待完成，還有許多願望要去實現，她擁有活著的真正理由。可以善加利用死亡的人是我，讓希維婭繼續好好生活下去。但即使在我對她說這些話的時候，我也知道這些話聽起來是多麼無意義，多麼空洞，因為人生並不這樣安排。

也許因為我在希維婭被診斷出癌症前就已經被診斷出患有失智症，所以我認為我會是先離開的人，但事實並非如此。她給我的簡訊總是積極的，就算是壞消息也是一樣。希維婭並不擔心未來；也許她已經從我的失智症中吸取了同樣的教訓——活在當下——因此，像我一樣，她經常發簡訊給我：「我今天有點不舒服，希望明天一切都會好轉。」

我們不知道的是，希維婭已經沒有明天。

二〇二〇年的耶誕節在禮物和頌歌聲中度過，但我在二十五日沒有收到希維婭照例會發給我的簡訊。因此第二天我發了訊息給她，以一種只有摯友之間才會有的默契感覺到不對勁。

「今天是節禮日，我不得不承認我人在醫院。」她回覆道。

她知道我有多喜歡耶誕節，堅決不想讓壞消息破壞我的心情。當我為此責備她時，她直接回覆我說，如果換作是我，我也會這麼做，這一點我無法反駁。她的決心依然存在，但我有時能感覺到希望正在消退。耶誕節過後，她的醫療團隊來探望她，她在簡訊中寫道：「他們醫藥箱裡的法寶現在似乎所剩無多，而在一開始，它是滿的⋯⋯」

簡訊發送的頻率越來越少，內容越來越短。我知道她將寶貴的時間花費在與家人相處。我與大衛保持著更多的聯繫，他告訴我希維婭的情況。我在二〇二一年一月收到的希維婭的倒數第二條簡訊是這樣寫的：「日子還是照舊過著，而我不斷陷入昏睡⋯⋯」

四個星期後，我收到最後一條簡訊：「永別了，我親愛的朋友⋯⋯」

希維婭在一週後去世。

希維婭知道，要讓自己以及她所愛的人平靜地接受她的離世，唯一的辦法就是坦然以對，讓一切井然有序，把該說的話毫無保留地說出來。

在最後的幾個月和幾個星期裡，希維婭保有她一貫的冷靜和條理。她和家人坐在一起，計畫她的葬禮，和大衛談論她走後他可能會有的感受。當她住進醫院時，她說這是一個很好的練習，讓他習慣她不會在家裡陪他。她總是為別人著想，直到最後，我很清楚——**瞭解**——希維婭，知道她會認為替自己著想已經沒有意義，因為那條路的終點已經出現了。必須繼續前進的，是留下的人。

希維婭的死提醒我，即使在我們身處最黑暗的時刻，仍然有一線光明，仍有辦法控制死亡不可控制的進程。總有一天我們都會面對死亡，但我們可以選擇過得更快樂，彼此分享愛的話語。以前我從沒想過有必要把某一天、某一小時、某一刻稱為上天的恩賜，但畢竟，這是一份**餽贈**。讓我感到欣慰的是，我的朋友充分利用了她餘生的每一天——即使她沒來得及向大衛解釋椰奶要做什麼用。

但是，這就是朋友的作用。

我不再懼怕死亡；我已無所畏懼。我曾經寫過，在罹患失智症之前，我有多害怕一切：黑暗、動物，在女兒年紀還小的時候辭世。但當我在二〇一四年被診斷出患有失智症時，所有這一切恐懼都煙消雲散。當我面對我最大的恐懼——任何人都最害怕的事情——逐漸喪失自己的心智，失去使我之所以成為我的本質，還有什麼事會比這更令人害怕？

在之前的書中，我一直把重點放在即使在被診斷出患有失智症之後，我們還可以怎麼做。但我必須坦承：現在看來，死亡似乎像是一種恩賜，讓我可以從這種在自己還沒準備好之前就來奪走我的疾病中解脫。

不過，我還是會擔心女兒們，也會擔心要如何讓那些留下來的人更能坦然接受我的死亡——就像希維婭所做的。在驚濤駭浪中，穩定我們的錨，是我們所愛的人。如果沒有愛，我們其實可以快樂地隨波逐流，任憑海浪把我們帶往它選擇要讓我們前去的任何地方。正是對他人的愛，使我們與生命緊密相連。沒有人可以爭辯，愛對我們每個人來說都是份珍貴的禮物，即使它同時也是最深悲傷的源頭——畢竟，如果我們沒有享受過愛帶給我們的快樂，就不會感受到悲傷帶給我們的空虛與傷慟。

一九六三年，精神病學家約翰・辛頓（John Hinton）教授進行了一項調查，研究英國人對死亡的態度。調查發現，病人往往不會被明確告知他們即將死亡；他們甚至常常不被告知自己患有癌症，因為癌症這個詞會讓人產生極大的恐懼。辛頓教授認為，那些無法接受死亡的人，會遭受更多的身體痛苦。在研究過程中，他在醫院採訪了三十八位瀕臨死亡的人，但沒有一個人被醫護人員告知他們即將面臨死亡，儘管其中有些人的牧師曾暗示，他們即將死亡。他在《死亡》（*Dying*）中寫道，接受死亡可以促進「心靈的平靜」。另外，他還寫道：

> 許多瀕臨死亡的人表現出他們的仁慈，在精神上也許變得比以往任何時候都還高尚。他們竭盡所能地顧慮那些自己即將拋下的親人的感受，因為那些人得要承受失去他們的痛苦……他們表達自己的愛，方式既明顯又微妙。倘若在靈性和身體層面上得到幫助，大多數穩步走向死亡的人很可能會在他們陷入永久失去意識之前，體驗到向命運臣服的平靜。[1]

如果死亡必須發生，漂流到永久的無意識之中聽起來不失為一種好方法。而我們確實無法避開它。在過去幾十年裡，醫療、手術和藥物方面可能取得了各種突破，但對我們所有人來說，死亡仍然是必然的結局。辛頓教授指出，他的研究揭示了臨終病人想要知道的三個問題是：死亡會拖上很久嗎？身體是否會承受嚴重的痛苦？痛苦是否會得到緩解？

儘管辛頓的研究是在一九六三年進行，然而這些問題不正也是我們所有人都希望能得到答案的問題？是我們之中許多人最害怕或難以啟齒的問題？如果你無法談論死亡，你又怎麼能開始理解你的問題是什麼？正如我曾多次談到被診斷出患有失智症以及在被診斷出患有持續惡化疾病後的生活，你不知道自己哪裡不清楚。但是，如果我們能找到一種提出問題的方式，我們也許可以減緩痛苦，而減輕心理上的痛苦，或許也能減輕生理上的痛苦。

希維婭一直是「為明天做打算、為今天而活」的典範。她同時也是我第一個去世的親密朋友。她的離去對我來說是個巨大的打擊。儘管我們住得並不近，我們之間相隔遙遠，我仍然知道她就在我身邊。天知道大衛在他們空蕩蕩的家裡獨自踱步時是什麼感受，也不知道她的女兒們在沒有摯愛母親的幫助下如何適應。但作為朋友，我安慰自己，我相信知更鳥是逝者的靈魂。在我的第二本書中，我提到了我在希維婭死後幾天做的一個夢，我夢見一隻知更鳥飛來，停在我的手上，直視著我的眼睛，然後迅速地在我掌心裡拉了一坨屎。是的，毫無疑問，那是我的希維婭。至少這個夢境令我發笑，當我們所愛的人離開我們時，他們遺留給你的，是這些你知道對方會覺得有趣的共同笑話，或是你們曾彼此珍視的記憶。它們永不褪色，即使肉體消散。

我並不害怕等待我的黑色虛無，我害怕的是越過「失智的臨界點」之後，一切將變得面目全非，我成了連自己都不認識的人。我希望能夠談論這些感受，就像希維婭希望傾訴準備死亡的感受一樣。也許我的需求更加迫切。有些日子，當我醒來時，迷霧已經模糊了我前方的道路，以致我不知道臨界點在哪裡：我是否就要大跌一跤，還是有比我想像中更多的道路、更多的腳步要走？這是許多患有持續惡化疾病者的感受，剩下的不過是一個「還有多少日子」的問題。但這種生活方式卻使我更加專注生活。在我被診斷出患有失智症之前，我發現自己原來不夠珍視生命。我們之中許多人也是如此。我們不認為死亡會降臨在自己身上，這真的很荒謬。有些人經常想到死亡，想像自己遭公車輾斃，對這些人來說，生活成為一個持續不斷的擔憂。而另一方面，有些人只是簡單地過日子，接受生命拋給他們的一切：他們只是活著。我也許就是這樣的人，直到生命中發生重大事故，例如一場疾病，你才會停下來思考：「在生活中，我是否已經做了我想做的一切？還有什麼是我必須去做的事？」如果我們懂得去欣賞每一天的枝微末節，如果我們能夠更有智慧……

我一直不明白為什麼人們覺得談論死亡很病態——對我來說，我總覺得談論死亡是非常自然的一件事。也許這就是為什麼我現在可以對死亡侃侃而談。

我第一次看到屍體是在就讀大學期間。當時我應該是十八歲。我住在朵琳和艾伯特的房子，他們把房間出租給學生，這對老夫婦多年來一直接待學生入住，藉此賺取額外收入，補貼老人年金。我和朵琳相處融洽。她很照顧我，每天早上替我做早餐：一根香腸，一個煎蛋。在家裡，我可享受不到這樣的待遇。不過，我總是找藉口提早出門，帶著我的水壺和當早餐吃的午餐飯盒去了學校。

我很少在外面待到很晚，總是很高興能回到我的住處與朵琳和艾伯特聊天。朵琳有濃重的東北英格蘭口音和笑眯眯的眼睛，而艾伯特比較暴躁，大多時間都坐在他最喜歡的扶手椅上，但這是一個溫馨而快樂的家，對第一次離開父母的我來說再合適不過。

凌晨時分，朵琳的聲音劃破了我的睡夢。她呼喚著艾伯特的名字，起初很輕柔，然後變得急切。她聲音中的驚慌讓我從床上坐了起來。一秒鐘後，她叫了我的名字，我一躍而起，打開房門，發現她跪在地板上，待在艾伯特身邊。我起初以為他在浴室裡摔倒，但朵琳抬起頭來看著我，恐懼取代了她慣有的神采。她搖晃著他的身體，試圖喚醒他，但他沒有任何反應。艾伯特靜靜地躺著，一動不動，沒有呼吸。

我從未見過屍體，但我並不感到害怕。我非常平靜。朵琳轉過身來，無助地看著我，但當時她還沒有完全絕望。我伸出手，撫摸著她的肩膀，她的手挨上我的手，我說不出那種感覺，但我曉得她用指尖回應了我。

「他躺在地上應該不太舒服，對吧？」我說：「我們要不要把他抬回床上，然後你去打電話給醫生？」

艾伯特當時已是個身體羸弱的老人，在卡文特瑞汽車廠工作了幾十年，他的身體消瘦。當我伸手扶起他時，他在藍色條紋睡衣底下的軀體清晰可見，我可以看到在他的衣服下，他瘦到只剩下皮包骨。我把手放在他的一條腿上，然後另一隻手抓住他另一隻腿，我注意到他的軀體冰冷，我意識到他肯定已經躺在那裡一段時間了。

「你抓住他的胳膊。」我告訴朵琳，朵琳聽從了我的建議，驚嚇不已的她，也許很慶幸有人在旁告訴她該怎麼做。

只是當我們開始抬起他的時候，他的軀體已經變得僵硬。我注意到一件奇怪的事情，因為艾伯特的皮膚在我的指尖觸摸下仍是柔軟的，彷彿他仍活著，還在呼吸，但他的關節卻已變得僵硬。儘管他骨瘦如柴，但身體依然沉重。我們盡可能小心地把他抬進臥室，把他的軀體安放在床上。我天真地以為，我們安頓好他之後，會在他身上或房間裡聞到死亡的味道。我不確定那是什麼味道，於是好奇地嗅了嗅空氣，但我聞到的只是老人身上散發的氣味。

我後退幾步，注意到他看起來很平靜，他平日暴躁的表情被某種平靜所取代，而非歲月蝕刻在他臉上的痕跡。朵琳擁抱並感謝我。我不記得接著發生了什麼，也不記得事件的先後順序。我想必泡了茶，一直陪著她，直到醫生趕來，宣告艾伯特死亡。我仍像往常一樣去了學校，把發生的事情告訴了我的朋友們。令我驚訝的是，他們對我那天早上搬動一具屍體感到驚嚇和噁心，因此我本能地知道最好不要往下說。

直到今天，我還是不知道一個十八歲的女孩，怎能在那個早晨保持那樣的平靜。死亡，即使在那時，對我來說是如此自然。艾伯特年事已高，健康不佳已有一段時間。雖然朵琳很難過，但他的死並不是什麼巨大的悲劇。他的身體只是疲憊了，衰竭了。很明顯，這是艾伯特該離世的時候。

大自然有它的機制，人類難以與之抗衡。當然，朵琳仍難掩傷慟。但艾伯特是在頃刻間被帶走，一次急性心臟病發作也許意味著，當他感到痛苦時，一切都結束了。正如許多身患絕症的患者所知道的那樣，當漫長的時光在我們面前延伸，看不到盡頭，也無法回首前塵時，發生在艾伯特身上的事是種祝福。我們繼續朝向日落前行。但對艾伯特來說，光明轉瞬即逝。

我因此知道自己喜歡什麼方式。

曾幾何時，人們在家往生是很自然的一件事？也許是在三代同堂的大家庭裡，或是在不需要上鎖大門的社區中。一九四八年英國國民保健署的建立，將死亡醫療化，將其帶出家庭，帶往醫院後，是否改變了一切？畢竟，國民保健署的重點不是幫助人們死亡，而是醫治病患。事實上，其創始人阿尼林・貝文（Aneurin Bevan）

曾說過，他「寧願在大醫院高效但冷酷的利他主義中存活，也不願在小醫院裡的同情心湧動中死去」。這或許可以讓我們瞭解國民保健署的早期理念，以及幾十年來醫院如雨後春筍般不斷設立的原因，其重點在保存生命，藉由醫療措施，直到無法可想為止。然而，病患本該對這些措施心存感激，但人們還是會死亡，因為這是必然的，所以我覺得奇怪的是，為什麼沒有把重點放在為病患提供服務，或是讓他們感到安適。

也許那時英國有強大的社群感，人們曉得當治療失敗時，家庭就會接手，與當地醫生或地區護士一起照顧病人，直到生命的最後一刻。但在一九五〇年代的英國，開始決定死亡該是什麼樣貌的，卻是慈善機構，如同現今它們仍在幫助臨終者取得善終。臨終關懷機構透過政府和國民保健署取得的資金，僅占其所需經費的百分之三十；其餘資金則是透過募款和遍布大街小巷的慈善商店獲得。

在一九五〇年代和六〇年代臨終關懷機構蓬勃發展之前，居禮夫人紀念基金會（Marie Curie Memorial Foundation）主要是一個針對婦女癌症的慈善機構，它於一九五二年和女王地區護理研究所（Queen's Institute of District Nursing）委託進行的一項調查，試圖瞭解英格蘭和威爾斯地區的人們對於善終議題的看法，[2] 該調查收集來自近兩百個衛生機構的七千多份問卷，其結果令人感到不安。護士們描述病患臥病在床，慘遭遺棄，痛苦地死去，他們因為太虛弱而無法更換床鋪、照顧自身的褥瘡，有些人甚至沒有力氣自己進食。該調查中的一些細節讀來讓人心碎，例如有人選擇用自己亟需的食物的殘渣來維持寵物的生命。許多已經走到生命盡頭的人，只能依靠鄰居的施捨來維持生命。

在英國國家醫療服務體系形成之前，人們僅僅因為買不起止痛處方藥而被迫痛苦地死去，而這些人在生命的最後幾天和幾週裡也是以同樣的方式死去，因為他們遭到社會和醫界忽視。報告的結論提出了許多建議，其中最主要的是為臨終者提供臨終關懷。根據這份報告，居禮夫人紀念基金會的使命有所變更，開始為癌症末期患者提供充分的臨終關懷。第一家居禮夫人紀念醫院於當年稍晚開業，在接下來的十年中，又有九家療養院在慈善機構收購的舊建物中落成，後來，隨著募款活動的順利開展，更多臨終關懷機構因此成立。

一九六〇年，格林·休斯（Glyn Hughes）為古爾本基安基金會（Gulbenkian Foundation）所做的進一步報告，發現臨終關懷的缺陷。他發現療養院在照護方面存在嚴重不足，而且經常忽視病人。休斯指出：「國家醫療服務存在著嚴重的缺口，在哪裡以及由誰來照顧臨終老人的問題都沒有得到解決。」[3]

如今，當你想到臨終關懷機構無法從政府取得足夠的資金時，會覺得英國在這方面並沒有取得多大的進展。儘管我們之中有這麼多人會在某個時候需要使用臨終關懷服務，但這項服務顯然承受著沉重的財務負擔，同時，政府又未能體認公眾對臨終關懷的重視。居禮夫人基金會於二〇二一年委託進行一項關於臨終議題態度的最新報告，發現四分之三的人認為國民保健署應同等重視臨終關懷。公眾的需求和國家提供的服務之間顯然存在著巨大的差距。

二〇二一年《英國公眾對死亡和臨終的態度》（*Public Attitudes to Death and Dying in the UK*）深入剖析自一九五二年最初報告發布以來，公眾對死亡的看法發生了怎樣的變化。例如，報告發現百分之五十一的人認為，我們這個社會對死亡和臨終的討論並不足夠。有趣的是，絕大多數受訪者（百分之八十四）表示，談論死亡沒有什麼好顧忌的，而超過百分之七十的人表示，他們可以很自在地討論這個話題，並認為這樣做對減輕家人和朋友在臨終關懷上的負擔以及實現自己的願望很重要。然而，這並沒有使人們**真正**進行這些對話；只有百分之十四的受訪者表示，他們已與親人進行過這些難以開口的對話。

我覺得奇怪的是，我們不喜歡談論死亡。這是為什麼呢？為什麼我的大學同學們一想到我搬動親愛的老艾伯特的屍體就覺得害怕？死亡是個如此重要的話題，在某些方面甚至是唯一一個真正重要的話題。它是我們會共有的兩種經歷之一，那麼我們為什麼不去更關注它？正如緩和照護（palliative care）醫師凱薩琳・曼尼克斯（Kathryn Mannix）在她的傑作《以終為始》（*With the End in Mind*）中所說的那樣，我們一生中，只有兩天是不到二十四小時的：我們出生那天和死亡那天。

在許多其他文化中，對死亡的解釋各有不同。例如，在瑞典，「döstädning」有「死亡清理」之意，即在你活著的時候整理你的物品，這樣當你離開人世時，可以因此減輕親人整理遺物的負擔。這個領域的專家建議，「死亡清理」應該在你六十五歲時開始進行，我們可能會覺得這太早了點，但我個人認為，為自己的死亡做打算，應該是我們成年後就該開始考慮的事情。畢竟，我們會為自己的老年生活做好財務規劃，也會計畫在我們死前償還貸款——事實上，大多數銀行會要求我們這麼做。因此，如果我們願意討論老年生活，何不順道考慮一下你以後希望如何被照護，由誰照護，在哪裡受到照護，你是否想接受醫療措施，你是否想要捐贈器官，以及你希望在葬禮上朗讀什麼詩句或演奏什麼音樂？而且，你總是可以隨著自己觀點的改變來改變自己的想法。

受「臨終尊嚴」（Dignity in Dying）組織委託，YouGov於二〇一九年發布了一份調查報告，[4]其中百分之五十八的受訪者不認為死亡和臨終對他們來說是個禁忌，不過在與調查同時進行的焦點小組中，參與者分享了他們在討論死亡和臨終時遇到的困難。他們認為，人們不願提出這個話題或聽到其他人罹病的事，因為這會讓他們覺得「不自在」，感到「不舒服」，並可能引起「不安」。然而，小組中的晚期或末期癌症患者卻認為關於死亡的談話「解放了他們」、「是有益和／或積極的」。在確實會定期討論死亡的參與者中，最常涉及的話題往往是實際的問題，包括治療、病痛緩解和葬禮計畫。

新冠肺炎疫情後發表了一項二〇一八年進行的威爾斯研究，[5]該研究成功地探討人們覺得談論死亡讓人不安的原因。同樣地，大多數人（百分之七十二）認為，作為一個社會，我們對死亡和臨終的談論並不足夠，我們應該去揭開死亡的神祕面紗，以更積極的方式鼓勵人們談論這個話題。而使這些參與者迴避這個話題的原因是「對未知的恐懼、經歷到的痛苦，以及成為家庭的負擔」。報告提到「人們普遍缺乏對死亡和臨終過程的瞭解，參與者因為對此毫無準備而感到沮喪」。我覺得奇怪的是，這麼多人都渴望進行這樣的對話，但大多數人仍然保持沉默。近百分之九十的受訪者**覺得**自己可以自在地討論死亡，但實際討論過的人僅占百分之三。

是什麼原因阻止英國人談論死亡？威爾斯研究再次提到「害怕傷害他人的感情」，無法「找到合適的時機來談論」，一些受訪者甚至承認他們沒有朋友或家人可以傾訴。參與者建議，藉由公共衛生運動「使關於死亡的對話正常化」，尤其是透過電視、社群媒體和公共平台——我想這有點像我一直以來對失智症的態度。他們也坦承，他們希望全科醫生開始這些對話，但他們太清楚醫生的時間限制和工作量。緩和照護工作人員每天都在見證死亡，他們站在最前線，為生命末期的人提供一個美好的局點，在討論死亡問題時，他們肯定有一套很好的詞彙，我可以想像，與他們交談會為人們帶來多大的安慰，尤其是那些不願意與親人進行這些交談的人。但事實證明，即使是醫療專業人員，也可能並不像我們認為的那樣樂於談論死亡。

在一場我為護校學生舉辦的關於失智症患者生活的講座中，我遇到了一位研究人員，她的博士研究主題就是失智症患者的死亡。凱薩琳・伍德（Catherine Wood）畢業於赫爾大學（Hull University）失智症研究碩士課程。有趣的是，這門課是唯一一門為老年失智症患者提供臨終關懷的專門課程。凱薩琳在完成她的碩士學位之前，在臨終關懷機構從事了二十多年的緩和照護工作，為此，她決定將她的博士研究投注在為失智症患者提供的死亡和臨終關懷對話。但是，當我和我的合著者安娜與她見面交談時，凱薩琳解釋說，即使在臨終關懷機構，照護人員也往往不願談論死亡。我一開始就問她，對於在那些想要談論死亡的人和那些實際談論死亡的人之間所存在的重大失衡，她覺得原因為何。

「我認為沒有人願意談論死亡和臨終，因為他們不想面對自己或親人的死亡。」凱薩琳解釋：「把這個話題放在一個盒子裡，關上它，直到你真正需要談論它的時候才把它拿出來，這樣會容易得多，但這往往為時已晚。特別是在療養院所，它們擁有與入院者進行討論的工具，但在實際情況中，院所員工往往沒有這樣做，因為這是一個複雜的話題，他們沒有能夠處理好這個問題的自信。」

我覺得不可思議的是，即使是從事臨終關懷工作的人，也沒有自信開啟這些對話。

「我甚至對安寧療護中心的工作人員說：『如果你們不能就死亡和臨終進行對話，有誰能夠辦到？因為你們在這裡工作，每天都在跟死亡接觸。』」凱薩琳說：

「但人們還是會退縮，不敢進行這樣的對話。這可能是最忌諱的話題之一，我不知道是不是因為人們覺得自己可能會讓病人難過，或者自己可能會冒犯他們，但整體來看，人們就是不想談論這個話題。如果不進行這些對話，就無法滿足人們在生命末期的需求。有證據表明，焦慮，尤其是死亡焦慮，將會隨著接近生命的終點而增加，當然，對於癌症患者來說，如果他們在生命接近終點時，還沒有談及自己希望後續如何處理，你會看到他們的苦惱和不安不斷地在增加。這就是所謂的臨終焦慮。」

凱薩琳告訴我，她的一位朋友曾是臨終關懷機構的護士。在她去世時，儘管她生前一直被死亡包圍著，但在臨終前的幾天裡，她還是非常焦躁不安。

「身為醫療團隊的一員，我們自己以這種方式死去顯然很不公平，我知道我們應該能夠為她做得更好，這是我們欠她的。」凱薩琳說：「我想起了我們曾經有過的一次談話，她告訴我她喜歡聽古典電台，於是我們在她的病房裡放了這個電台，她立刻就平靜下來。」

如果沒有這次談話，他們就不可能為她做這些。播放某人最喜歡的廣播電台這樣簡單的事情，不過是舉手之勞，但一個小小的舉動，卻能帶來很大的不同。

「如果沒有人與患者進行這些對話，就永遠不會知道他們的想法。相反地，病人的親屬往往得代表他們做出決定，而當你陪伴所愛的人走到生命的盡頭時，壓力已經夠大了。我見過有人在一個垂死者的病床邊爭吵，一個人說：『這是媽媽想要的。』另一個人說：『不，這才是她想要的。』聽著你的家人在你的頭頂上爭吵，叫人情何以堪。」

在離世之前的幾週、幾個月，甚至幾年裡進行這些談話會更好，這不僅僅是為了臨終的人。如果你知道自己讓一個人如願以償地離開了人世，這肯定會對那些悲痛欲絕的人有所幫助。

凱薩琳也認為：「人死後，愧疚感是很沉重的一件事，如果你不能克服這種愧疚感，就會產生各種各樣的問題，但如果你知道你為別人做了一件好事，而且你能夠滿足他們的願望，那麼愧疚感就不會太嚴重，雖然悲傷永遠是個複雜的過程，但若能辦到這點，大致上比較能順利度過。」

幾乎所有近期研究的結論都指出，公眾已經準備好談論死亡；它不應該是一個禁忌。我們有一種想法，認為談論死亡是病態的，會使我們更快到達死亡的終點，但正如前幾天有人對我說的那樣（我不記得是誰了，想必你不會驚訝），談論性不會讓你懷孕，所以談論死亡也不會讓你死去。

二〇一一年，喬恩．安德伍德（Jon Underwood）意識到人們需要談論死亡，於是他在位於倫敦東區哈克尼的家中創辦了英國第一家「死亡咖啡館」（Death café）。喬恩是一位虔誠的佛教徒，他認為人們每天都該談論死亡。死亡咖啡館最初的目標是提高人們對死亡的意識，以幫助人們充分利用有限的生命。自其創辦以來，已在八十二個國家，舉辦超過一萬四千四百五十五次活動。第一家死亡咖啡館提供茶水和蛋糕，並為人們提供一個探討死亡感受的場所。然而，喬恩自己的故事卻悲劇性地過早結束，他被診斷出患有一種會誘發腦出血的罕見癌症，他於二〇一七年猝死，年僅四十四歲。他的母親蘇珊．巴斯基．里德（Susan Barsky Reid）和他的妹妹茱爾斯（Jools）接過了衣缽，繼續經營死亡咖啡館。我很想從蘇珊那裡瞭解，根據她的經驗，人們是否害怕談論死亡。

「有些人害怕，有些人只是不想談這個話題，覺得談這個話題很奇怪，不願去想它。」蘇珊在我們見面時告訴我們：「我想不出在我光顧過的死亡咖啡館裡，人們沒有爆出笑聲的場合，因為它真的很有趣，也很好玩，但同樣地，有時難免悲傷，人們會談論親人的死亡、糟糕的經歷，或是即將到來的死亡，但我不會說它是病態的。儘管悲傷難免，但那是兩碼事。一開始，死亡咖啡館吸引很多來自殯葬業的人，我還記得有一次，人們談論了很多關於屍體在火葬場裡遭遇的事情。還有一位製作裹屍布的女士也來了，她講述了自己如何測試裹屍布，但那已經是幾年前的事，當時聽了仍一時難以接受。

「喬恩去世後，我有很長一段時間不再參加死亡咖啡館。自二〇一七年以來，我只參加過三次，但最後一次是在上週日。我在我的猶太教會堂進行了一次討論：那裡有個人得了絕症。一個人是醫生。還有兩名男性和五名女性。通常女性會比較想來，因為她們覺得開口討論這件事比較容易。」

蘇珊告訴我們，喬恩在生病之前就堅持要和她談談佛教的離世儀式，而和很多人一樣，她一開始拒絕討論，覺得這種談話讓人很不安。佛教徒認為，應該要讓靈魂從頭頂輕輕地離開，而有些傳統則透過特定的方式輕敲頭頂來促使靈魂離開。喬恩問他的母親，如果他死了，她是否會為他這樣做。

「他說了不只一次，大概提了兩三次，」蘇珊告訴我們：「而且他是對我說，不是對他的妻子或是姐妹說。我常說：『但是喬恩，我恐怕會比你先死。』他告訴我：『但是為了以防萬一，我需要你知道我的願望。』在他死後，我為他做了這件事，完全按照他對我描述的方式觸摸他的頭。」

就像蘇珊一樣，作為一個母親，我無法想像我的孩子堅持與我進行這樣的對話。想到孩子將先於我們死去，這有悖於自然規律。但我可以想像，儘管蘇珊提出抗議，但她還是遵從他的願望，這對喬恩來說一定很欣慰。我可以理解，這不僅讓他，而且也讓他周圍的人，知道他們執行了他的願望，讓他得以善終。不過，蘇珊承認，她仍覺得很難與她的另外兩個孩子進行這些對話。

她說：「我試著就我自己的死亡進行這些對話，但家人並不想聽，可不是嗎？我的孩子們不想去思考我的死亡，因為他們不願意去想沒有我的世界，我能理解為什麼。就像我不希望聽見喬恩跟我說那件事，因為我不願意去想沒有他的世界。」

我感到無比幸運的是，當我談論死亡時，我自己的女兒們會聽我說。她們可能會不同意我說的話，也不願意聽，但她們還是會傾聽我說的話，我覺得這是一個很好的禮物，讓人們的心聲受到傾聽。在我看來，如果沒有人傾聽你的心聲，那麼你就只能把想法裝在自己的腦子裡，特別是當你面臨或正在思考臨終的事。你可以把你的意願寫下來，但你永遠無法確保他們會讀。談話可以讓你曉得別人的想法，並做出相應的回應。雙向對話非常重要，因為這讓他們有機會表達自己的看法，讓你聽到他們的理由，找到折衷的辦法。對我來說，能夠進行這樣的對話，讓死亡變得更加輕鬆。這種說法似乎很奇怪，但我覺得談論死亡會讓我的內心更平靜，這意味著我可以盡可能地表達我想說的一切。

也許，我的家庭並不尋常。也許我們之所以在討論死亡時感到很自在，是因為對我來說，死亡一直是生活的一部分。在孩子們小的時候，我總是很坦然地跟她們談起死亡，解釋說每個人、每件事最終都會消逝。我沒有告訴她們天堂或星辰之類的故事，儘管我能夠理解為什麼其他人會用這些想法來讓自己好受一些。我記得當我的母親罹患癌症時，我告訴她們，醫生會盡一切努力把癌細胞取出，但醫生也有束手無策的時候。讓外婆帶著癌細胞活著，只會給她帶來痛苦，這對她來說並不公平。然而，我並不記得自己是否曾對父母如此敞開心胸談論此事。事實上，我不記得我們在死亡降臨之前談論過死亡。

我們能夠「記得」和「遺忘」是件很奇怪的事。我可以向你保證，有了失智症這樣的疾病在身，情況就更奇怪了。我不記得母親被診斷出罹患癌症的事，但卻記得直到她葬禮前的所有細節。

父親將母親的骨灰放在衣櫃底部的一個盒子裡好幾個月，我建議他，我們種一棵樹，把她的骨灰撒在樹根底下。我們依賴這些儀式幫助我們度過最難熬的時光。

對於父親，我記得他被診斷出患有肺癌的時刻。我記得他打電話告訴我這個消息，他試圖讓自己聽起來很鎮靜，但由於他的聲音**過度**鎮靜，我似乎能從他的聲音中聽到顫抖。接下來，我記得去了某個地方探望他。我不確定探望他的地點，這段記憶的細節很模糊，但如果不是在家裡，就是在醫院裡，或者是在臨終關懷機構？也許我記得不太清楚，因為我認識的那個人已經瘦成皮包骨，坐在我身邊的椅子上，唯一讓我記得他的，是他那頭抹了髮油的鬈髮。這正是我所認識和愛戴的父親。

醫生查房時，爸爸出於對醫生這個職業的崇敬，掙扎著站起來，對他而言，醫生有著宛如神一樣的地位，是生死的守護者。我還記得一些微小的細節，比如當他站起來的時候，他把有著尼古丁痕跡的手指放進長褲口袋，不讓它們露出來。他已經瘦了很多。我可以清楚地記得從他嘴裡吐出的那些話。這些話幾乎是以慢動作的方式從他的嘴裡說出來。

「你能不能給我點什麼東西結束這一切？」他懇求道。

我不知道他有這種感覺。

我發現自己在那片刻的緘默中，希望醫生能夠答應父親的請求，不是因為我想希望父親死去——絕非如此——而是我能感受到他的絕望。我尊重這是父親的決定，如果這是他想要的，我會願意成為奪取他生命的人。現在想想，這正是所謂的「拯救生命」：把他人從他不想要的生活中拯救出來，把他從那個很快就會從鏡子中回盯著他、而他卻不認得的男人那裡，將他拯救出來。讓他從痛苦中解脫。

那時，母親已經離世，他看到了癌症對她的影響，不希望自己拖太久才結束。他沒有權利為自己選擇生命的結局，這讓我心碎。那時他的身體受到癌症蹂躪，已經筋疲力竭。他只想要和母親團聚，或者至少他是這樣認為。

父親懇切地看著醫生，眼中充滿了絕望，而醫生的回答很簡單：「我不能這樣做。」

彷彿一扇門砰地一聲關上。

俗話說異性相吸，我的父母無疑也是如此。爸爸沉穩溫和，對每個人都面帶微笑。媽媽則更剛強好鬥，更願意挽起袖子，準備迎接生命中的挑戰。

也許我對母親的診斷過程記得較少，是因為當時我正忙著照顧兩個年幼的女兒莎拉和潔瑪，婚姻也岌岌可危，光是為婚姻而戰就已讓我身心俱疲。這也是我之所以會不記得家庭生活中這段毀滅性的時刻，我唯一想得出來的原因。我經常帶著女兒們回家。那時我還沒有車，所以我們都會擠上火車去探險。我的父母很喜歡看到外孫女們在他們的平房裡肆意奔跑。從我六歲起，我就住在那裡，所以我再熟悉不過，起居室裡擺滿了媽媽的小飾品，很多都是每年在黑潭的賓果遊戲中贏來的，還有各種形狀和大小的鐘錶，女孩們最喜歡廚房裡的布穀鳥鐘。當時，母親正在接受治療，癌症已經蔓延到她的肺部、胃部，甚至眼睛，但女孩們的存在讓我父母的肩上卸下了死亡的陰影：她們帶來生機。看著兩個蹣跚學步的孩子四處奔跑，一切顯得生氣勃勃。

第二天早上，當我從臥室出來，女孩們在前一天晚上我們共用的床上爭吵著，我在廚房的一張凳子上坐下來，瞥見貼著浮雕圖案壁紙的走廊。浴室的門虛掩著，透過鏡子的反射，我瞥見裡面有個人影。我記得那間浴室是在我還是小女孩的時候裝的，媽媽堅持想要一套彩色的衛浴設備，與六〇年代的沉悶白色水箱相比，感覺相當新潮。母親待在她的鮭魚粉色浴室旁顯得蒼白無力。甚至她頭髮上的紫色染髮也失去了往日的光彩。媽媽看不到我正在瞧著她替失去的那隻眼睛換藥，這是她每天早上都要做的事，然後再用眼罩遮住眼睛，但在那一刻，我親眼看到了癌症從她身上奪走了什麼。她一下子顯得蒼老而虛弱，比穿著衣服時更加脆弱。在那個親密的時刻，當她沒有意識到有人在看時，我看到了外科醫生的手術刀所造成的真正傷害。突然間，我覺得自己像個入侵者。我趕緊把目光移開，讓她繼續留在這私密的時刻，但又希望我能幫上什麼忙。

那天晚些時候，我帶著女孩們去了鎮上，讓父母的耳根子清靜一下。我把媽媽的棕色玳瑁眼鏡塞進我的皮包裡。我注意到自從手術後她就沒有戴過眼鏡。我猜她大概是覺得看不看得清已經無所謂了，但我不明白為什麼她僅剩的一隻好眼睛也要受罪。我答應給女孩們看漫畫，所以先去了趟報亭，然後我讓她們乖乖坐在眼鏡行的長凳上。我向驗光師解釋了這個問題，告訴他媽媽的癌症和手術的情況。我把媽媽的眼鏡遞給他，問他是否能幫上忙。

「有沒有辦法讓這副眼鏡適合右眼配戴？」我問道：「媽媽以前很喜歡每天看報紙。」

「請稍等。」他說完，便消失在他的工作間。

不久，他帶著處理過的眼鏡出現。他把眼鏡切成了兩半，但留下了鏡架，把鏡架磨平，讓邊緣完全光滑。

他說：「這樣應該就沒問題了，」他說：「如果不行就帶回來，我再想辦法。」

我們返回父母的住處，女孩們興奮地打開購物袋，發現裡面藏著額外的糖果，這都要感謝爸爸在我們離開時塞給我的硬幣。

「我們還為外婆準備了一個驚喜，對不對？」接著，我從皮包裡拿出處理過的眼鏡，遞給了母親。

我把驗光師想幫助她的故事告訴她，在我說話的時候，我看到她僅剩的一隻眼睛噙滿了淚水，尤其是當我把當天的報紙放到她腿上時。

幾個月時間過去，母親變得越來越疲憊，也越來越容易害怕。她決定把我兒時的臥室改成她現在睡覺的房間，而我每晚都會和她一起坐在貼有黃白相間壁紙的房間裡，握著她的手，她求我不要離開。母親害怕睡著後，會再也看不到第二天的黎明，她並未意識到她所對抗的，並不是死亡，而是自己。白天睡覺對她來說威脅不大。因此，在黑暗中，我們無所不談，除了癌症，以及即將到來的終點。當我們交談時，我看到她的思緒又回到了死亡。當鐘錶在屋子裡輕輕地滴答作響時，我能看到恐懼再次浮現。

我多麼希望我當時知道如何安慰她。我多麼希望我能告訴她，如果她仍然能夠表達內心的這些思緒，那表示她離盡頭還有段距離。我多麼希望我可以讓她保持內心的寧靜，以便她可以放鬆地迎接一切。我多麼希望當時能讓她放心，讓她放鬆下來。我多麼希望當時能告訴她，她的呼吸還很平穩，可以安心睡覺，她需要睡覺來保持體力，做她喜歡的事情，比如看女孩們玩耍。但事後看來，這未嘗不是一件美妙的事情。那時，小莎拉還沒有成為緩和照護護士，我也還沒有被診斷出患有失智症，還不曉得許多人的臨終樣貌，也沒有讀到死亡會以哪些方式現身，更不知道如何讓死亡變得安適一點。我當時才三十出頭，不知道如何緩解母親的恐懼，甚至不知道如何幫助她談論這些恐懼。

事實上，她還有幾個月時間可以活，卻把這幾個月的精力都浪費在恐懼上，她還有那麼多日子可以好好去過，卻任由這些日子從指縫間溜走。這就是為什麼我現在會積極推廣善終，因為我眼睜睜地看著母親因為一心只想著死亡，浪費了那麼多仍然充滿生機的時刻。我經常說，失智症有前、中、後期，但我當時並沒有能力幫助我的母親解讀她自己的疾病同樣也有著前、中、後期。我無法向母親保證她每天早上會照例醒來，因為連我自己都不知道。

醫生訪視母親那天我也在場，他建議她搬到當地的臨終關懷醫院（安寧病房）。

「所以，就這樣了？」母親說著，每個音節清楚無誤。

醫生沒有說些什麼，於是她打量醫生，想要尋找一些蛛絲馬跡，看出他已經很確定，這場戰鬥已經輸了，就像她所認為的那樣。她想知道還剩多少時間。我知道她想知道。但她沒有問。

不過，一想到要搬到臨終關懷醫院，確實讓人覺得像是一種結束，感覺已經束手無策，不只是母親如此認為。然而時至今日，臨終關懷醫院仍是一個被誤解的醫療場所。像許多人一樣，我以為臨終關懷機構只為臨終者服務。我完全沒意識到，這個地方同時也是一個為生命進入最後階段的病人，提供一個安寧與靜養的場所，一個讓他們可以緩解疼痛、獲得喘息或諮詢的地方，得到照顧，休養到足以返家，再多活一天、一週或是一個月。

我們親自帶母親前往威爾斯親王臨終關懷醫院（Prince of Wales Hospice）。它位於龐特弗萊茨的哈芬尼巷，離我打羽毛球的國中校園不遠，所以這裡的街道對我來說有種回家的感覺，我想知道母親是否也有同感？我從來沒有進過臨終關懷醫院。我不知道該期待什麼。父親、莎拉和潔瑪也來了，我們希望這一天更加「日常」，像是一個普通的家庭出遊日。這是一棟單層建築，前後院區有著漂亮的花園。當我們參觀時，有人告訴我們，許多曾入住這裡的病人的親戚都留下來成為志願園丁，在土壤中注入額外的溫柔，種植新的花草，讓嫩芽從土壤中冒出來，宛如一個永久的提醒，提醒人們生命仍在繼續。

在臨終關懷醫院內，總顯得氣定神閒。每個人像是多出許多時間，或擠出時間，停下腳步，微笑著打招呼，他們似乎更加意識到，在一個許多人前來告別的地方，一句輕聲的問候是多麼重要。這裡給人的第一印象是寧靜祥和，還有鮮花——到處都是鮮花——還有一個巨大的休息室，裡面擺滿了舒適的椅子，堆滿了書籍。修女帶著女孩們去找電影看，然後再帶她們回來看外婆。

「想看看你的房間嗎，薇奧萊特？」

修女挽著母親的胳膊，我和爸爸緊隨其後。我們被帶到了一個明亮通風的房間。一扇落地玻璃門敞開著，門上掛著一對網狀窗簾輕輕飄動，窗外的花園盡收眼底，院子的另一頭傳來割草機的嗡嗡聲。

「媽，這裡就像是旅館房間。」我說，注意到潔白的床單和獨立浴室。會讓人意識到這並非旅館的，只有那張旁邊有著冰冷金屬條的單人病床。

修女說她要給母親帶些花和雜誌，但我從母親臉上的表情看出，她下定決心，任何小動作、任何轉移視線的微小企圖，都不會讓她把注意力從她入住這裡的原因移開，母親知道她是來等待死亡的，就算她沒說出口。我們忙著打開行李，把母親的衣服放好，幾分鐘後，一位助理護士拿著菜單來了。媽媽的眼睛突然亮了起來。她一直很喜歡享受食物，在為家人做了一輩子的飯菜後，有人讓你選擇自己想吃的晚餐，肯定是件很奢侈的事。我想這點擄獲了她的心。

女孩們終於返回病房，母親在床上坐起來，我們都圍在她身邊。女孩們在房間裡奔跑，她們**就是要**使用浴室裡的廁所，**就是要**打開衣櫃裡的每個抽屜，**就是要**不斷地在落地玻璃門兩側跳進跳出。母親被逗樂了，感謝孩子們帶來歡樂，在我們成年人認為理所當然的日常時光中找到了快樂。

我不記得母親是否曾經返家，但我記得她在臨終關懷醫院住了幾個月才嚥下最後一口氣。所有的時間都浪費在等待死亡前來叩門：準備好迎接它，一切都井然有序，收拾好行李，等待，所有這些原本可以好好把握的時光，就這樣永遠失去了。

在那段時間裡，總有些特殊的時刻，但它們僅僅只是時間的碎片。更多時候，她總感到悲傷或恐懼，或是因為爸爸老是跑出去抽菸而生他的氣。但現在回想起來，也許是那些止痛劑奪走了我們熟悉的母親，使她變成了一個我們不再認識的人，脾氣暴躁，言語尖刻。但是，她的脾氣可能來自挫敗感，因為她所有的念頭和感受都被鎖在心裡，她迫切想要知道所有問題的答案：我什麼時候會死？會拖上很長一段時間嗎？會很痛苦嗎？

我們收到很多次病危通知，卻都只是虛驚一場。當結束真的到來，她卻是孤身一人面對，就跟她一直以來的作風一樣。我詢問護士，我能否見她最後一面。他們把我領進殯儀館準備的房間。空氣中瀰漫著一股寒意。我伸手去握她的手，但她的手很冰涼。她還戴著結婚戒指。

「你想把戒指取下來嗎？」護士問道。

我顫抖著手試圖把戒指取下，但無法鬆脫它。

「我不想傷了她。」我說。

在終點真正到來的那個巨大的房間裡，只有一個微小的聲音。

在與蘇珊・巴斯基・里德談論她的兒子喬恩和他設立的死亡咖啡館時，我突然意識到參加這些咖啡館的人不同於其他人，因為他們不僅準備好談論死亡，而且願意並能夠談論死亡。我在想，也許這些死亡咖啡館裡會有很多像我這樣的人，以積極的態度面對重症診斷，充分利用每一天。我想像那裡可能是個充滿活力和生機的地方，人們擺脫了認為這個話題是禁忌的枷鎖。這樣的對話一定可以給人力量。

我意識到，只有一個辦法可以找到答案，那就是親自參加死亡咖啡館。我住處附近沒有死亡咖啡館，所以我決定參加肯特郡的網路研討會。事後看來，這也許不是最好的主意，因為在網路這個巨大的漩渦中，有太多的東西會消失。如果你可以直視他人的眼睛，你會以同樣的方式討論這樣一個讓人糾結的話題嗎？

一天傍晚，我加入了一個線上討論群組，這不是我一天中最理想的時間，因為那時我的精力通常已經耗盡，隨著白天變成黑夜，我的腦袋變得越發不靈光。會議組織者首先宣布，她認識的一個人在滑雪度假的那週突然去世。她的震驚和悲傷溢於言表，即使我們透過Zoom通話，她的發言仍為接下來的會議定下了基調。如果小組組長最近經歷了這樣的傷痛，又怎能就死亡展開積極的對話呢？組織者說，她不知道為什麼在聽到朋友的死訊時會感到驚訝，因為「這是預料之中的事」。我猜想可能是因為這件事特別突然，但她的悲傷似乎流淌在螢幕上的每個像素、每個小方框裡，宛如一集《名人廣場》（*Celebrity Squares*）的哀傷特集。此時，有人開口說話，我調整了坐姿，希望在這個虛擬的空間裡得到一絲喘息。

「我覺得我在否認我九十九歲的母親總有一天會去世的事實。」她開口說。

我不知道該如何回答。對我來說，九十九歲是個驚人的數字，是值得慶祝的長壽。另一位只有二十多歲的女子說她很害怕死亡。

「我只是需要聽到一些正面的消息。」她說。絕望的心情在電腦螢幕前一覽無遺。

我說我記不得母親和父親的忌日，所以我只慶祝他們的生日，讓那天充滿他們活著的回憶。

「我從來沒聽說過這樣的說法。」組織者悲傷地說，再次提到她的朋友。

我一直在看我的預立醫療自主計畫（Advance Care Planning, ACP），它是本書下一章的主題，所以此刻似乎是提起它的好時機。無論你的健康狀況是好是壞，都可以在生命的任何階段制定預立醫療自主計畫，它可以由各種檔案文件組成，我稍後會詳細介紹，但總的來說，它表明了你在失去行為能力或無法為自己發言的情況下，對未來的醫療照護的意願。我突然想到，如果這些人，無論老少，都想談論死亡，那麼，他們之中有多少人已經準備好了這樣的規劃？

「問題是，」我說：「規劃死亡的過程太複雜了，以致人們不願談論這個問題。」

此時，我感到所有人的目光都集中在我身上，空氣中瀰漫著一個無聲的疑問，在向我問道：什麼規劃？

我們接著討論了兄弟姐妹之間的爭執。一位有六個兄弟姐妹的人承認，他曾強迫他們按照他認為合適的方式行事，而不是按照他父親預先寫下的意願行事。他帶著些許成就感承認，他的兄弟姐妹可能會覺得十分感激，因為他們只想鬆一口氣，只要有人，任何人都行，願意在如此悲傷的時刻，承擔決定和文書工作的責任。

一種不舒服的感覺在我心頭悄然襲來，我的失智症正在迅速轉化為悲傷，就像這些日子它經常做的那樣，我的心中出現了路障，阻礙了任何比較複雜的情感。我原本以為，這個死亡咖啡館會讓我覺得像是參加一門西班牙語進階課程。但我發現這裡全是初學者，他們還在努力把「你好」和「再見」記在腦子裡。我又試著說了幾句輕鬆的話，但我的微笑和試圖開的玩笑都換來了悲傷和組織者對她死去朋友的哀悼。登出線上會議時，我終於鬆了一口氣。我不希望我的經歷會讓任何人對死亡咖啡館卻步。畢竟，蘇珊在聊天時告訴我們，她主持的聚會經常充滿歡聲笑語。

對我來說，談論死亡是一種體會當下的方式，而不是沉浸在即將到來的厄運中。

我們之前見過的凱薩琳·伍德正計畫與失智症患者一起舉辦死亡咖啡館，作為她博士研究的一部分，探討失智症患者是否能夠談論死亡和臨終，並記錄下他們的意願。我很想回去看看她的研究進展如何，希望她的研究比我上回參加的那次經驗愉快。凱薩琳首先說，她在自己的死亡咖啡館裡不得不提醒其中一桌人，因為他們實在笑得太大聲。奇怪的是，這聽起來更符合我的期待。

「有幾個人說他們不想來我的死亡咖啡館，因為他們覺得那太病態了。但其中一位女士還是來了。」凱薩琳告訴我：「她面帶微笑，聊得很開心。我當時意識到，我給了他們一個機會，讓他們真正表達自己對這些事情的看法。有位男士患有相當嚴重的失智症，無法開口說話，所以我並不指望他能前來，因為參加者需要有能力簽署同意書，但顯然當天我不想把他拒於門外。他和他的女兒、女婿一起來，他立即拿起了我擺在桌上的葬禮樂高積木——用樂高積木搭成棺材之類的東西。我們可以透過樂高與他交流，他的女兒指著馬車裡的棺材說：『哦，爸爸，你喜歡這個嗎？你喜歡這樣的葬禮嗎？』他回答說是的。」

凱薩琳在攻讀博士學位期間舉辦了兩次活動，她告訴我，在第二次活動中，參與者討論了一系列話題，從他們希望誰在他們死後握著他們的手，到舉辦環保葬或是一般葬禮等。

「一位參與者對我說：『我以前從未有過機會思考這個問題，也從未想過能與其他人談論這個問題，但在這個小組裡談論這個問題確實讓我有了很大的改變。』」凱薩琳說：「我曾和一位照護員交談過，我對她說：『你們為什麼不和院所病人進行對話？』她說：『當人們進來的時候，在我們的衡鑑裡，關於死亡和臨終的部分從來都是空白，因為我們擔心會讓人感到不安。』但我認為，我的死亡咖啡館表明了你**可以**與失智症患者進行這樣的對話，事實上，他們不會不安，也不會害怕，他們能夠暢所欲言，覺得這很有意思。

「這幾乎就像是我為他們打開了一扇門。他們以前沒有進行過這樣的對話，因為他們怕會讓人不舒服。這並不一定要是一場悲慘的對話——你可以開懷大笑，知道你已經實現了某個人最後的願望，這就減輕了留下的人的愧疚。進行這樣的對話，會讓病人和他們的照護者感覺好很多。」

凱薩琳的說法讓我想起了我和女兒們的一次談話，我告訴她們我想把骨灰撒在兩個地方：英格蘭西北的湖區和我心愛的村莊。「但是你們必須確保我的腿是撒在湖區，這樣它們才能走動。」我吩咐她們。

我們**可以**在進行嚴肅的談話中，仍保有笑聲。事實上，那段軼事至今仍讓我們捧腹。

我已經描述了我一生中經歷的三次死亡，但對我自己的死亡會是什麼樣子，我仍有很多疑問。我回想起辛頓教授在一九六〇年代對死亡的探討：死亡會拖上很久嗎？身體會嚴重受苦嗎？這些痛苦是否能夠緩解？在我撰寫本書之際，已是二〇二二年，而對我來說，這些問題仍然沒有答案——這正是因為我們害怕談論死亡和臨終。我也有相同的疑問，而在撰寫本書的過程中，我也遇到過很多有相同疑問的人。接下來，我要探討我自己的終點會是什麼樣子，是的，如果我能夠選擇的話，我希望自己的終點會是什麼樣子。我已經知道，而且我在其他書中也曾說過，任何事情都不會因為談論而變得更糟。

注釋

1 John Hinton, *Dying*, Penguin Books, London, 1967.

2 Joint National Cancer Survey Committee of the Marie Curie Memorial Foundation and the Queen's Institute of District Nursing, *Report on a National Survey Concerning Patients with Cancer Nursed at Home*, London: Marie Curie Memorial Foundation, 1952.

3 Glyn Hughes, *Peace at Last: A survey of terminal care facilities in the United Kingdom*, Calouste Gulbenkian Foundation, London, 1960.

4 *What Matters to Me: People living with terminal and advanced illness on end-of-life choices*, YouGov/Dignity in Dying, 19 November 2019, www.dignityindy ing.org.uk/wp-content/uploads/What-matters-to-me-Dignity-in-Dying-Nov-2019.pdf

5 Ishrat Islam, Annmarie Nelson et al., *Before the 2020 Pandemic: an observational study exploring public knowledge, attitudes, plans, and preferences towards death and end-of-life care in Wales*, BMC Palliative Care 20, article no. 116, 2021, bmcpalliatcare.biomedcentral.com/articles/10.1186/s12904-021-00806-2

你曾想過死亡嗎？你曾經與親友、醫生談論過嗎？你對自己想要如何道別的意願是否受到他們的尊重？他們怎麼想？你們願意做出妥協嗎？

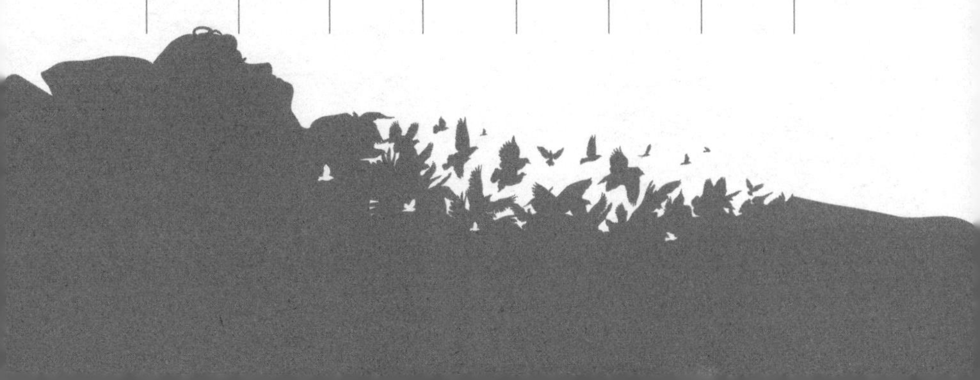

二　關於臨終關懷的對話

女兒潔瑪和她的丈夫史都華搬進他們的新房子時，花園有很多地方需要整理。由於房子還很新，所以並沒有長滿荊棘。我可以看到，不久前還劃出了整齊的邊界，但現在已經長滿了雜草，其中的植物看起來無人照料，顯得委靡不振。潔瑪和史都華對園藝並不特別感興趣，在他們繁忙的生活中也沒有時間去創造和維繫一個欣欣向榮的戶外空間，但他們都十分欣賞我的園藝成就。我帶著剪枝器來到花園，用理髮師般的專業技能剪掉花園裡一頭笨重的亂髮，沒多久，花園便開始有了雛形：繡球花原本又長又亂的褐色莖幹，現在變得整整齊齊，準備在來年春天綻放出碩大的花朵；當我把一株美麗的白色攀緣薔薇修剪整齊，並固定好它之前不聽話的帶刺枝條時，我腦海中浮現出隔年沿著籬笆開滿白色花朵的景象。我的鋤頭靈活地在每株植物之間來回除草，沿途還發現隱藏的寶藏：一株岩玫瑰和顏色深淺不一的各種蕨類。在後面的籬笆上，我發現了一株開著甜美花朵的茉莉花，我想像著潔瑪和史都華在工作了一天後，坐在朝南的花園裡喝著紅酒，享受著那天最後的一道陽光。當我剪去最後一片雜草，發現雜草下有一朵孤獨的鐵線蓮時，我高興極了。我一眼就認出這是鐵線蓮，它的花瓣上有糖果般的條紋，於是我小心翼翼地解開它纖細的卷鬚，在籬笆上敲了些小釘子，用綠色的花園繩索編織了一條讓它能夠攀緣而上的小路。

我享受著從泥土中拔除每一根雜草的辛勤工作，每拔除一根雜草，我就能見證花園的茁壯成長。我對未來將會茁壯的植物的熱情，總是遠超過我在土壤中辛勤耕耘幾個小時後的疲憊感，但今年我感覺到原本的天平傾斜了。我從自家溫室的玻璃窗向外望去，看到花園的邊界被雜亂的葉片窒息，突然意識到我自己的花園已經讓我累壞了。我悲傷地意識到，我也無法再繼續維護女兒的花園了。這一直是我覺得自己還能夠幫得上潔瑪的最後一種方式。失智症從我身上奪走了很多東西，我不得不學會適應它迫使我走的新路線，但這次的改變卻讓我很難接受。

說來奇怪，母親其實是個不斷變化的角色。成年的孩子不再像襁褓中的嬰兒那般需要你。如果你像在他們蹣跚學步時那樣為他們擦鼻涕，肯定嚇壞他們。那麼，為什麼我對這個特殊的適應階段如此反感？我想，這是因為我們都不是為了讓孩子來照顧我們而生孩子的。我們描繪的育兒圖像中，在做繁重的照顧工作的總是我們。從診斷結果出來的那一刻起，我下定決心要堅持的一件事，就是我作為兩個女兒的母親的身分。對我來說，我絕不允許失智症奪走我的身分：這一點沒有商量的餘地——我一直這樣認為，直到今天也是如此。但是，就像生命中的所有事情一樣，我必須與疾病一起適應。我不能再像過去或可能希望的那樣照顧我的女兒們。我不能為她們跑腿，或是幫她們裝修，或是遛狗，還有其他父母可能喜歡做的所有小事，好減輕子女忙碌生活的負擔。這些我現在都沒辦法辦到了。但園藝我還能應付——直到我應付不了。

我在村裡的臉書頁面上詢問是否有人知道有園丁在找工作。這個奇妙的網絡提供了一個人選可以接手潔瑪的花園，但他還達不到我的標準（我可能沒有力氣親自完成這個工作，但我的監督能力可不受影響！）隨後，一個令人驚訝的轉變發生了。

我不知道的是，潔瑪越來越喜歡我為她創造的這片綠洲，她自己也對園藝產生了更多學習的熱情，她在網路上搜尋建議和季節時程，瞭解該在何時種植什麼植物。我每天都會經過她家，當時我注意到她家門前的花園看起來色彩斑斕、整潔美觀，完全符合我會對自己做出的要求。回到家後，我傳了簡訊給她，也許是因為我想抱怨，原來到最後還是得靠我們先前選擇的那位園丁，但她回覆說，這完全是她自己的傑作。

「不過，我還是需要你和我一起去趟苗圃，告訴我該買些什麼。」她寫道。

我明白，我們想要抓住過去，希望一切都不要改變，避免與我們所愛的人進行顛覆親子關係的對話（相信我，我能理解這點），但是，我們需要完成一個交棒的儀式——以我們家的例子來說，是一把小鏟子。

既然這種責任的交接是如此自然，我們為什麼要抗拒它？大自然似乎毫不留情地接受這一點：燕子在巢中嗷嗷待哺，有朝一日也會以同樣的方式哺育自己的幼雛。就像我們在孩子蹣跚學步時把他們攙扶起來，擦拭他們擦傷的膝蓋，然後讓他們重新站起，我們日後也需要看著他們在經歷了毀滅性的生命事件後重新振作，學著撣去身上的塵土——這也包括我們的離世，儘管我們不會在這裡見證一切。我們只能希望，我們做得夠好，並為他們提供因應一切的工具。就像那些燕子媽媽一樣。

我感到自豪的是，潔瑪如同我一樣，也發掘了對園藝的喜好，這是我一生的熱愛。我們的苗圃之旅已經取代了以前的約翰路易士百貨（John Lewis）之旅，只是現在我們買的是植物、種子和堆肥，而不是衣服。當我可以向潔瑪建議什麼土壤最適合多年生植物，或者該給一年生花卉施什麼肥時，我才覺得自己還算有點用處。

我從來不想成為女兒們的負擔，但當這種疾病向我逼近，我不得不問自己，我現在對她們還有多大用處，我知道這也是我身邊許多患有失智症的朋友問自己的問題。是的，我成了一個傾聽者。是的，我在我的手機和iPad上設置了提醒，記得祝賀她們生日快樂。是的，我們分享了許多快樂時光，一塊散步，外出，談笑風生，現在我們還可以把前去苗圃的行程也算進來。然而，我作為母親的角色因這種疾病發生了變化，我們需要一起進行的對話也變得更加緊迫。

與女兒們進行這些對話並不容易。當我在五十八歲時被診斷出患有早發性失智症時，我曾希望這些對話要等到好幾年之後才需要進行，但作為一個母親，我覺得有責任穿越失智症的迷霧，使我的離去對她們來說盡可能地溫柔，即使這意味著現在進行這些對話十分痛苦。我知道我那些同樣罹患失智症的朋友也有相同的感受，而那些被診斷患有其他慢性或重大疾病的人也是如此。

我的朋友蓋兒、喬治和朵莉在我的第二本書《失智症患者想告訴你的事》中提供了他們的想法，我們非常喜歡我們的線上聚會，以致後來我們把它延續下來，並給自己取了「四劍客」的稱號，在部落格和喬治的YouTube頻道上發布我們的聊天錄音。我們以「四劍客」的名義，藉由聊天方式幫助其他失智症患者減少孤獨感，我們希望如果他們看到我們進行在他們看來可能是尷尬的對話，會使他們自己在進行這類談話時更有信心。

在一次談話中，我們談到了遺囑和臨終關懷的話題，當時蓋兒（五十四歲時被診斷出患有早發性失智症）覺得談論「臨終」這個話題時特別困難。事實上，她並不認為自己需要做任何規劃，但是，正如她在這段對話中解釋的那樣，情況發生了變化。也許當你被診斷出患有持續惡化疾病時，在生活中找到自己可以掌控的領域會為你帶來驚人的力量。蓋兒也以幽默的方式來引導這些困難的對話。

蓋兒：你們知道我在計畫和討論遺囑和臨終關懷遇到過問題，但直到與你們這些朋友交談後，我才突然改變了對於訂立遺囑和討論臨終關懷的整個看法。我決定讓這個話題成為一次更積極的經歷，所以我和我的丈夫一起去立遺囑，實際上這是一次非常愉快、非常令人振奮的經歷。我女兒在我們去律師事務所之前打電話給我，我說：「我現在不跟你說了，因為我們要去立遺囑。」她說：「真病態。」我說：「不，這是每個人都該做的事……」

喬治：……這是我決定你能拿到多少錢的地方！

蓋兒：（笑得開懷）然後我開始想，其實我想做什麼就能做什麼，即使在律師那裡，我們也是有說有笑的。我們並沒有把這當成一個嚴肅的場合。從那以後，我們在談論事情時就更加放鬆了。就在昨天，我們還在討論我的照護和我的想法，家裡每個人都知道我不吃藥。我只吃過撲熱息痛（paracetamol）。所以對我來說最重要的一件事，就是我不想被灌藥，我只想順其自然。所以我們在談論後續的照顧問題時，我的丈夫知道我不想住進養老院，他說他會盡一切努力不讓我進養老院，即使他得找人在這棟房子裡幫助照顧我。他對我說：「但你得和要照顧你的人面談。」我會的，我想知道是誰在照顧我，我們的關係是否融洽，但我還有很多事情要做，所以還需要一段時間，但我們會計畫好的。我們確實就我是否願意接受心肺復甦術（cardiopulmonary resuscitation, CPR）進行了一番討論，我說：「這是一個灰色地帶，因為目前我願意接受心肺復甦術，但到時候我可能會改變主意。」我的丈夫說：「嗯，我很抱歉，但無論你是否願意接受心肺復甦術，我都會搶救你。」我說：「你可以這麼做，不過這有點自私。」但是，我們現在展開了這樣的對話，它一點都不病態，反而令人振奮。

喬治：這很有趣，兩週前我和妻子談得很愉快，我們一致認為葬禮要以我想要的小型儀式進行，最好在我們的後花園就行了。嗯，在田野間吧。或許把我的骨灰撒在那裡的一棵橡樹下。但我對她說：「如果孩子們想去掃墓，那你們就得另外想辦法了。」這在很大程度上取決於他們。我並不在意，因為我不會在這裡了。

溫蒂：我原本不想舉行儀式，但莎拉對我說，為我舉行喪禮對她而言是哀悼過程的一部分，如果我直接被送去火葬場，她就會錯過這個部分，這讓我改變了主意，允許我的女兒們舉行她們想要的葬禮，因為我不會在這裡了。因此，在那次談話中，我們做出妥協，談論我的決定會對她們產生什麼影響，由於不辦葬禮會對她們產生負面的影響，所以我改變了原先的決定。談論死亡，進行這些對話，是一種向對方展現愛的方式。這幾乎像是兩個人之間的舞蹈，只是彼此不知道舞步，難怪這些對話很難進行，但這恰恰顯示了對話的力量。如果我和莎拉沒有進行那次談話，我會以為我是在幫她們的忙，但實際上，透過這次談話，我意識到我並沒有幫上她們的忙。

喬治：我確實認為哀悼的過程是人們必經的一種儀式，這就是為什麼我在和妻子討論時的最初反應是「我不在乎，因為我不會在這裡」。但葬禮是他們想要的。

溫蒂：蓋兒，你有沒有談論過你的葬禮或是其他的事？因為我覺得喬治說的很有意思，他認為：「好吧，做你需要去做的事，因為我不會在這裡。」但我也知道，很多人確實喜歡挑選在喪禮播放的音樂和朗誦的文章。

蓋兒：是的，我們沒有寫下任何東西，因為律師說，有時遺囑要在葬禮之後才會被宣讀，這太晚了，但我的丈夫會知道我想要什麼。其實這個週末我還在開玩笑，因為我去探望我的女兒們，我不能對她們提及任何關於死亡的事情，因為她們會很難過，所以我決定以輕鬆的方式面對，於是我說：「你們知道，我已經立好遺囑，他們問我想好要播的音樂沒有。」我看到她們的臉色都變了，我就說：「我已經選好了。這首歌或許不適合喪禮，但是它代表了我，」她們問：「哦，媽媽，你選了什麼歌？」我說：「跳跳舞合唱團（Steps）的〈悲劇〉（Tragedy），因為你們還小的時候我們總是跟著這首歌跳舞，我們知道所有的舞步。」

喬治：我以為這是比吉斯（Bee Gees）的作品。

蓋兒：但跳跳舞合唱團也唱了這首歌！

喬治：瞧，我就知道我沒記錯！

在場所有人：（開懷大笑。）

令人難以置信的是，當你允許人們談論死亡時，你才會知道希望能夠這樣做的人有多麼多。此外，還有大批組織機構會幫助你進行這些對話。在我開始寫這本書之前，我從未聽說過死亡咖啡館，同樣，我也從未聽說過「死亡陪伴員」（death doula），儘管他們比較喜歡被稱為「臨終陪伴員」（end-of-life doula）。然而，我立刻就明白了這個詞的意義。畢竟，我聽說過協助生產的助產士，也就是協助母親分娩的人。我經常在想，為什麼準父母會被要求撰寫一份分娩計畫，但我們卻從未被要求擬定一份「臨終計畫」？事實證明，這正是臨終陪伴員可以提供幫助的事情之一。

我們與英國臨終陪伴員協會（End of Life UK）的艾莉・迪金遜（Aly Dickinson）見面。艾莉曾長期從事人力資源工作，不過她開玩笑說，比起她擔任人力資源經理這個職務，人們更樂見她作為臨終陪伴員的新角色。

事實上，正是她自己的母親在一定程度上激發了艾莉在事業上的轉折。她的母親死於癌症，她的兩個兄弟也都被診斷為癌症末期。艾莉形容她的母親「以自己最想要的方式面對她的病情」。當她知道自己不久人世時，她決定拒絕治療，決心堅持自己的選擇權和控制權，並對自己的葬禮做了最周密的安排。因此，艾莉認為她母親的死是寧靜的，因為她知道自己是按照自己想要的方式面對死亡。因此，二〇一四年當艾莉在報紙上讀到一篇關於臨終陪伴員的文章時，她知道這就是她想做的事情。

當艾莉告訴我，她曾向她的客戶承諾，當他們離開人世時，她會照顧好他們的貓時，我立刻相信臨終陪伴員存在的必要性——這充分說明了在臨終前讓人們安心的重要性。在我們的談話中，艾莉告訴我，臨終陪伴員的職責絕不是醫學上的，而是在於提供情感上和靈性上（無論這對個人意味著什麼）的實際幫助，從協助他們完成書面工作，到撰寫一份預立醫療自主計畫、向親友說明他們的病況，或是購物和做家務，以及在臨終前握住病人的手，甚至為殯儀館準備他們的遺體。艾莉說，她所在的組織經常被要求填補國家醫療的不足，例如，他們經常接到出院團隊的電話，提到有人希望在家中往生。艾莉說：「一旦有人與你取得聯繫，你就要集中精力照顧好他們的生活。」

我喜歡這種說法，強調充分利用僅存的時間，哪怕只是讓病人盡可能地感到安適。目前在英國有兩百七十五名臨終陪伴員，他們都經過培訓、投保並通過犯罪紀錄檢查。艾莉指出，她的工作就是要完全瞭解病人這個人。她說，有時，當患者僅存的時間不多，她必須很快地完成病人的願望，但也有一些她已經協助了三年的人，對於後者這類特殊的委託者來說，她的工作是幫助他們實現想要完成的任何事，並討論他們希望如何度過餘生。艾莉顯然並不認為談論死亡是件困難的事，她曾在許多人的病榻前幫助過他們，然而，這些人甚至在彌留之際都無法大聲說出自己的意願。

我們見面時，艾莉解釋說：「很多時候，有些病人的家庭關係並不融洽，作為臨終陪伴員，我們不得不去面對這種情況。例如，有一次，療養院裡住著一位患有失智症的母親，她有兩個兒子，根據她的永久授權書（lasting power of attorney），[1]他們是她的書面代理人，但很明顯，他們從未討論過她的意願。她非常強烈地認為，在她死後，她希望能夠返回家中安詳離世，其中一個兒子認為這意味著母親想在家中往生，而另一個兒子則急於把房子賣掉，以支付母親在療養院的花費，因此他們兩人的意見並不一致。問題變得更加棘手的原因是，母親分別告訴兩個兒子她認為他們想聽到的事，而不是自己真正的想法，所以我的工作就是去瞭解她到底想要怎麼做，然後把各方召集起來，集中精力實現這個目標。」

我可以理解對許多家庭而言，像艾莉這樣的人會有多大的幫助：這些歧見太常見了，這也是我堅持與女兒們提前進行對話的原因，但當然，臨終陪伴員是一項付費服務，這意味著並不是每個人都能享受到這項服務。但是，我倒想聽聽艾莉的意見：與臨終者談論死亡是否比較容易，尤其是願意尋求臨終陪伴員幫助的人？他們對於談論死亡的心態應該較為開放。

「我們與臨終者展開關係的方式，是專注在這個人和他的生活方式。」艾莉解釋：「人們不常得到這種全神貫注的關注。還有，你是否滿意此刻所受到的對待？問題總發生在觀念無法溝通的時候。也許父母想和孩子們談談自己想要什麼和不想要什麼，而孩子們卻說：『不要這麼病態，我們還不需要討論這個問題。』父母可能會尊重他們的想法，而不是溫柔堅定地回到這個話題。預立醫療自主計畫往往是一個切入點，我會說：『讓我們聚在一起談談，你們的母親在這個計畫中想要交代的事。』很多時候，人們似乎更樂於談論死後的事情，他們會談論葬禮的音樂、鮮花，或是他們希望參加喪禮者穿的衣服或屆時提供的食物，你可以從這些話題回過頭來談論一些更難以啟齒的事，比如『是否需要施行心肺復甦術』的意願。」

問題在於我們從未思考過自己哪天會需要照顧臨終者。人們對於未來總是毫無頭緒，但談論這個問題其實很正常，因為人類敵不過死亡，那麼為什麼我們對死亡如此不重視？

但是，在談論死亡的同時，我真正想知道的是，對於像艾莉這樣的人來說，死亡是什麼樣貌，她在工作中每天都被死亡圍繞，她握著人們的手，看著他們走向生命的盡頭。我問艾莉，死亡對她來說是什麼樣子。

「就只是逐漸遠離，」艾莉告訴我：「緩緩地……離開……這個世界……」

艾莉問我是否曾經試著想像死亡，我承認是的，我想像過，我知道它實際上可以是一個平靜的過程，因為死亡有不同的階段——呼吸的不同，意識狀態的不同——這使死亡聽起來不那麼可怕，不像我們在電視和電影中看到的戲劇性描述。人們經常把死亡想成一種「動作」，但對我來說，它不是一種身體上的「動作」。它更像是生命逐漸緩慢消失，漸行漸遠，這在我聽來如此美妙。它聽起來並不可怕，也不恐怖，並不會充滿痛苦或焦慮，因為事實並非如此。當然，你可能會經歷創傷性死亡，例如遭到公車碾壓，但你在最後仍會處於無意識狀態。它是平靜的，而不是暴力的。

「你有沒有過這樣的感覺，當你漸漸進入夢鄉時，你的腦袋開始進入各種奇怪的地方？」艾莉問我：「我喜歡那種感覺，我把死亡想像成那樣。我記得有一次和一個罹患失智症的患者一起。臨終時，他並沒有把注意力集中在周圍的事物上，而是集中在床腳的東西，我直覺他可能看到了什麼人。我的感覺是他能看到他的母親，她早已去世，所以我把她的一張照片放在他手裡，之後他很快就離世了。」

在我看來，能夠理解死亡是一件多麼美好的事情，我知道如果有更多的人能夠理解死亡，他們就不會像現在這樣害怕死亡。我現在已經不記得在罹患失智症之前我如何看待死亡，但很多人都認為死亡是痛苦的。如果他們瞭解死亡會如何平靜降臨，他們腦海中的印象就會完全不同。

「這幾乎是我期待經歷的事，」艾莉說：「這聽起來可能很奇怪。我希望自己在那一刻能有足夠的語言表達能力，有機會交代心中的想法：『這一切很好。我真的很喜歡這樣。』」

是的，如果你能豎起大拇指，說道：「一切都很好，大家別擔心！」那豈不是很好？

我喜歡和艾莉談論死亡。我很高興我們能在這些討論中找到幽默感，這讓我意識到，如果有人選擇在日常工作中與死亡為伴，那麼死亡真的是一件可怕的事情嗎？

我知道，死亡的那種終結感讓我們恐懼，也讓我們感到無法控制，尤其是對於那些長期患病的人來說，他們可能會想知道自己的最後時日會是什麼樣子，我自己就是這樣。我們是否有可能透過討論疾病後期階段可能出現的情況來減輕這種恐懼，並在現在就開始討論死亡規劃，讓最後時日更加安適？

二〇一七年的一項研究提出了這樣一個問題：二〇四〇年的緩和照護可能會是什麼樣子，以及誰可能需要緩和照護？[2] 該報告聲稱，到了二〇四〇年，英格蘭和威爾斯八十五歲及以上需要緩和照護的人數將增加一倍以上，從二〇一四年的十四萬兩千七百一十六人增加到二〇四〇年的三十萬九百一十人。失智症患者的人數將急劇上升，他們的照護需求將增加近四倍。這對我來說十分有意義，因為在我寫作之時，投入到失智症研究中的經費少得可憐。報告指出，在需要緩和照護的人中，只有少數人（百分之十四）真正得到緩和照護，然而老年人的死亡和慢性病的預期增加（因為我們已經變得擅長治療慢性病，所以不該忽視這個問題），會使得需要緩和照護的人數增長。報告提出了一個嚴峻的警告：為了滿足這些需求，我們現在就需要開始規劃。然而，歷屆政府在為高齡人口提供支持的政策上收效甚微，如果我們無法討論善終的議題，我們要如何實現它？就人們希望自己的死亡應該是什麼模樣，居禮夫人紀念基金會二〇二一年的報告《英國公眾對死亡和臨終的態度》提供了一些見解。幾乎近一半的人（百分之四十七）表示，他們在臨終前的優先考量是沒有痛苦。百分之四十三的人表示，與摯愛的人在一起是最重要的事，而對百分之三十五的人來說，能夠保持個人尊嚴和自尊則是至關重要。目前，緩和照護機構似乎正在推動病人在家中往生，但報告顯示，對於那些餘命還有幾年的人來說，在家往生是他們的第二優先，而對於餘命只剩幾天的人來說，則是他們的第四優先。四分之三的人在生命的最後幾年害怕感到無助和依賴，百分之六十八的人害怕痛苦，百分之五十六的人害怕離開他們所愛的人。

當人們被問及並有時間考慮臨終這個問題時，他們似乎非常清楚自己關心的問題，以及他們希望自己的離世是什麼樣子，但實際上他們又是如何向親人傳達這些內心的想法？當人生即將落幕，感覺自己受到傾聽的重要性又是如何？我所接觸的每一個從事緩和照護的人都同意，這些對話對於臨終者和家屬的寧靜至關重要，但我想從那些經歷過的人那裡聽到更多。是否真有可能使一個痛苦的過程變得更容易接受？

二〇一八年，埃絲特．拉姆斯—瓊斯（Esther Ramsay-Jones）與丈夫和兩個孩子一起去滑雪度假，但在度假期間，她的母親喬伊絲（Joyce），一位退休英語教師，出現了中風的初期症狀。當她和家人從法國趕回來時，醫生發現她的母親其實已處於腦瘤末期。埃斯特是一名從事緩和照護的心理學家，儘管對這個家庭來說，她母親的診斷結果和後來的預後帶來很大的衝擊，但在我看來，沒有人比喬伊絲的親生女兒更適合替她安排善終。埃絲特同意與我們分享她的故事，我很想知道她們是如何在生命的最後時刻進行臨終關懷對話，她在緩和照護方面的工作，是否使埃絲特能夠開始母女之間通常不會進行的對話，還是埃絲特的母親開啟了這些對話？

埃斯特告訴我：「你提出的情況都有。我們一直有別於一般家庭。我們經常圍坐在桌旁討論時間和存在的有限性，這可能就是我最後會從事緩和照護的原因。我的母親對我的呵護無微不至，直到她生命的最後，我還是覺得自己被她捧在掌心。回憶起這件事，不禁令我熱淚盈眶，但那是一個難以置信的禮物。有一次，她病得很重，我不想離開她，但她撫摸著我的臉說：『你必須回到孩子身邊。』我永遠不會忘記這句話。她還說了很多：『我知道沒有我，你們依舊會繼續生活下去。』這顯示了母愛的強大與慷慨。」

埃斯特的母親對她同樣身為母親的女兒的這種慷慨深深讓我感動，因為她在面對自己生命的結束時，允許女兒離開她的身邊。作為母親，她顯然知道讓女兒在這樣一個緊繃的時刻離開，對女兒來說會比較好。

埃斯特回憶說：「我的母親一直想盡可能長壽。我記得她去世後，爸爸在她的一隻鞋裡發現了一張紙條，上面寫著她想做的五件事。第三條是『活到八十五歲，見證每個人的成長』，所以她真的很想一直活下去。她最初的作法是，只要不會讓自己陷於一個更糟的局面，就盡可能接受治療。當腫瘤活體組織檢驗證實是膠質母細胞瘤時，[3]她不想動手術，因為這對她的行動和語言能力有很大風險，作為一名退休英語教師，她的詞彙量和語言表達能力對她來說非常重要，但她還是接受了化療，稍後還接受了緩和性放射治療。只不過在治療最初十週之後，她發生了轉變：

她變得更加堅忍，更加接受自己即將離世的事實，我認為在很多方面，她都有這樣的想法，也就是不想讓所有人陪她一起等待。」

人們在得知自己的預後是癌末時，通常不會堅持最初的想法。必須給他們時間，讓他們接受這項消息。我相信，埃絲特的母親起初一定希望自己和家人都能盡可能地活著，例如，她不想獨自留下丈夫一人。而且，人們不可能一下子就把所有事情都處理好。如果時間充裕，可能需要幾天、幾週或甚至幾個月的時間。

「我認為處理這些事情需要很長的時間，」埃斯特說：「但媽媽沒有太多時間，因為她在診斷後的四個月內去世。她說她不想舉行葬禮，她想火化。在爸媽的花園後面有一棵桑樹，在她童年時就已經在了，所以她想把骨灰灑在那棵樹的樹根。她只希望在臨終時，她的直系親屬可以陪伴在身邊。她一直是姐妹之中最能幹的，在她的身體狀況變差後，她決定不見她們，我記得當時我覺得她不該錯過這個機會。但我認為，無論她處於怎樣的狀態，我們都該尊重她的決定。」

我喜歡這個想法：感覺非常尊重「病人」。

埃斯特繼續說道：「我的看法可能很怪，不過我是這樣想的，這與身為一個母親的過程有關：當你有個剛出生的嬰兒時，他或她處於一種絕對依賴的狀態，作為母親——至少我是這麼做的——我通常是有求必應，試圖理解孩子想與我交流的內容。在我看來，這可以讓嬰兒從心理和身體的角度來發展他或她自己的意識。就我個人而言，我認為向臨終者提供幫助也是同樣的過程，尤其是當他們難以溝通的時候。你仍在盡可能地尊重他們的生命力，任何僅存的身分碎片。因此，對我來說，這就像是在照顧新生兒，你如何握住一個垂死之人的手？對我和我父親來說，她的人格特質，她的自我本質，才是最重要的。因此，她能夠盡可能地保留原本屬於自己的部分，這才是最重要的。」

我發現這種「人格特質」的概念很有意思，因為就在我與埃斯特會面的前幾天，我一直在反思失智症是如何稀釋我自己的「人格」，在我看來，如果沒有了人格特質，也就毫無未來可言。我經常看到這種情況，尤其是在療養院裡，某個患者「跨過了失智的臨界點」，這是我對這種患者的形容。人們喜歡抓住快樂的瞬間，他們看到有人翻閱照片，就會認定那個人很快樂，或是聲稱他在那一刻很快樂，但他們不會看到在接下來的這一天裡，那個人是如何在完全的困惑中度過，他不明白自己為什麼會在那裡，他周圍的這些人是誰。這對我來說是不夠的；如果我允許自己成為一個活在這些瞬間裡的人，我的人格特質將煙消雲散。我並不是說每個失智症患者都會跟我有一樣的感覺。每個失智症患者都享有生命權，都擁有活在當下的權利。只是我不想成為那樣的人。這又回到了「以人為本」的生命理念，真的，在我看來，如果我失去了對我來說重要的東西，那就不是活著。

埃斯特說：「這與我和母親相處的經驗不謀而合。母親確實走到了那個階段。她經歷過一次嚴重的癲癇發作，昏迷不醒，我們以為她要和我們告別了。她確實醒過來了，但這使她完全喪失行動能力。她臥床不起，語言能力受損，最令人痛苦的時刻是她反覆說著：『死……死……死……』我知道她的意思，她想死。對我來說，從表面上看，我仍然可以看到她的人格特質，我仍能看出她是多麼堅定，但我認為這對她來說不夠，所以她不再進食，很難知道這是因為她失去了吞嚥的能力，還是因為她內心深處對自己說：『這是我的出路。』」

聽來或許有點奇怪，但儘管我不認識埃絲特的母親，只是親耳聆聽了她的故事，我卻完全能夠理解她所經歷的一切，以及她的想法。

「我當然不希望母親離世，」埃斯特說：「我還記得我當時在想：『我是否該鼓勵她進食，儘管我知道在她最後那段生命歷程裡，這可能是一種壓力？』還有一次，她在夜裡試衣時手臂撞到了牆壁，她在預立醫療自主計畫中寫道：『請不要送我去醫院，或是讓我死在醫院裡。』我們叫了救護車，醫護人員很親切，但他們的工作是把人送進醫院，只是我不停地說道：『這是她在預立醫療自主計畫中寫下的話。』我們可以在這裡做些什麼讓她更安適嗎？這是我做出的唯一一個決定，我在想，如果她當時去了醫院，她是否能活得更久些？但那是她從可怕的癲癇發作中恢復過來之後的事，我認為，實際上，對我來說，尊重她在自主計畫中的決定，才是正確的事。當她恢復意識時，她在自己的家裡，在熟悉的地方，我們可以打開門，她可以看到花園。當晚醫護人員離開時，他對我說：『我真的很感謝你，在某種程度上，我也很感謝你的母親，因為我多半沒有辦法知道自己所做的，是不是真的是病人希望的事。』總的來說，我的感受是，放手也是一種愛。」

我完全同意埃斯特的觀點：當你必須自己做出所有決定時，哀悼就會變得更加緊繃，就算是一些簡單的事情，像是逝者想要土葬還是火葬，都會給人們帶來巨大的壓力，但如果他們把這些事情寫下來，壓力就會減少。埃絲特的媽媽直到嚥氣前都還在照顧她，這也是她人格特質的一部分，她認為自己是一個保護兒女的母親——這點與我對待女兒們的方式如出一轍。

我覺得埃絲特的故事非常感人。這似乎是一種愛的共生行為，埃絲特幫助母親堅持自己的人格特質並尊重她的決定，而喬伊絲堅持沒有她的日子，生活仍將繼續，埃絲特應該回到孩子們身邊，因為她知道他們也需要彼此，就這樣，日子依舊如常運轉。

與埃絲特交談，聽她講述自己的故事，讓我對自己的意願不再模糊，而且更加清晰。聽到她如何尊重她母親的意願，讓我更加確信，我與女兒們的所有談話都是出於正確的原因，不僅是為了讓我的想法得到尊重，也是為了減輕她們在本已艱難的時刻做出決定的負擔，讓哀悼的過程變得更容易一些，因為她們會知道她們為我做了正確的事情。我認為，**沒有什麼比起讓人們對死亡享有自主權，更能讓他們感受到我們對他們的愛**。儘管埃絲特從事緩和照護工作，但她向我們坦承，再多的專業培訓也無法讓她為自己摯愛的母親的離世做好準備，我知道這也是我的女兒莎拉，在護士和女兒的身分之間切換時的掙扎。不過，也許我們一生都在扮演著不同的角色：母親、女兒、愛人。埃絲特告訴我們，她的母親帶著對自己「孩子」的愛，將她從病榻邊釋放出來，這引起了我的共鳴，在我被診斷出患有持續惡化疾病後，我的直覺是不想讓我的女兒們來照顧我。

聽到埃斯特談到她母親的人格特質時，我感到非常欣慰，這對我來說是個非常重要的話題。她的母親說話字斟句酌，也是一位英語教師，在她退休後，語言仍然是她人格特質的重要組成部分。

當失智症稀釋了我的人格特質，我緊緊抓住那些讓我保有自我的東西：一個母親、一個部落格格主、一位漫步者和攝影愛好者。對我來說，一旦我的這些部分被這種殘酷的疾病奪走，我就失去了我的人格特質，我寧願選擇死亡，而不是沉浸於短暫的快樂，因為在困惑中度過的時間將遠遠超過這些時刻。埃絲特認識到母親的這個想法，這幫助她實現了母親的願望，無論她是否同意母親的看法。

埃斯特告訴我們，她很幸運有個愛她的母親，但我同樣要說她的母親很幸運有一個能夠接受和傾聽她的女兒。我們經常會想到，預立醫療自主計畫的決定會對我們身邊的人和我們所愛的人產生怎樣的影響，但埃斯特的體貼，甚至讓醫護人員能夠確保自己正確地完成自己的工作；讓他「允許」自己打破規則，看到繁文縟節背後的人性，儘管在那個階段，喬伊絲已經因為經歷過嚴重的癲癇發作而無法為自己發言。

每當埃斯特談到她尊重母親意願的時候，她都會停頓一下，凝視著那一刻的時光，回憶起當時的情感，但她的表情很寧靜，而當她談到她被迫就母親的醫療照護做出決定的時候，她臉上的痛苦依然存在，像一個巨大的問號，仍然在問：「我是否做對了？」

那一刻，我不禁想起自己的女兒們。作為一個母親——我相信，就像埃絲特的母親一樣——我寧可替她們從腦海中抹除這些問號，也不願讓它們蒙蔽她們對我的記憶，我要讓她們安心，曉得媽媽的願望就是這樣。

我為埃絲特感到難過。很明顯，她的失落感依然存在，但我覺得自己完全瞭解她母親的想法，這讓我看到了希望，我的女兒們也能從不必替我做決定中受益。沒有人願意看到自己的親人陷入混亂，不得不在龐大的壓力下做出決定。如果我能以任何方式減輕她們的焦慮，我肯定會這麼做。更重要的是，如果這意味著減少了歧見，那我會更樂見這樣的結果。

我認為本章的對話提醒了我「善終」是什麼樣子，當一個人能夠分享自己的願望時，臨終關懷才顯得有意義。我們必須幫助臨終者接受生命的結束，並信賴他們所愛的人能夠落實他們的意願，不必在情緒紛亂的情況下做出充滿壓力的決定。如果這些對話得以進行，我們才能知道臨終關懷該怎麼進行。因此，在我看來，我們越是能夠計畫和分享我們的願望，我們就越有機會獲得善終。無論你如何看待這個話題，對我來說總是回到同一件事上，那就是個人選擇，所以我們最好來仔細看待這個問題。

注釋

1 英國有兩種永久授權書：健康和福利，以及財產和財務事務。永久授權書可以在一個人健康狀況尚好或意識到自己健康狀況正在走下坡時訂立，並在委託人喪失處理自身事務的能力時使用。永久授權書授權並登記他人代其做出決定。

2 S. N. Etkind et al., 'How many people will need palliative care in 2040? Past trends, future projections and implications for services', *BMC Medicine*, May 2017, doi: 10.1186/s12916-017-0860-2, pubmed.ncbi.nlm.nih.gov/28514961/

3 生長在大腦或脊髓中的一種快速生長的腫瘤。

從預立醫療自主計畫到葬禮安排，你與自己、親友以及醫生進行對話後的決定是什麼？

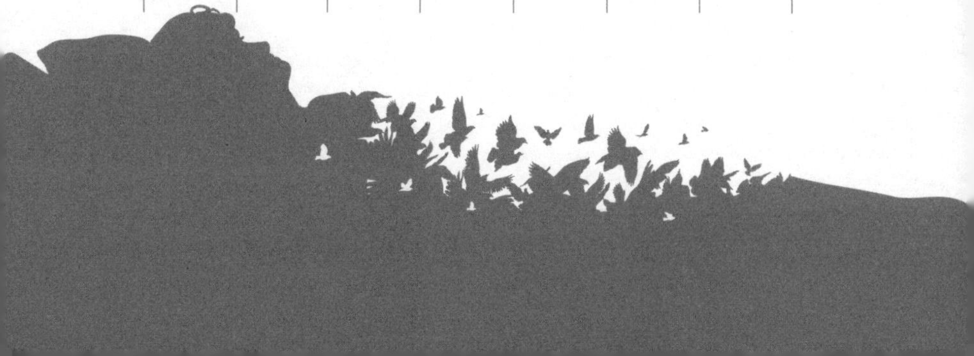

三　關於拒絕治療的對話

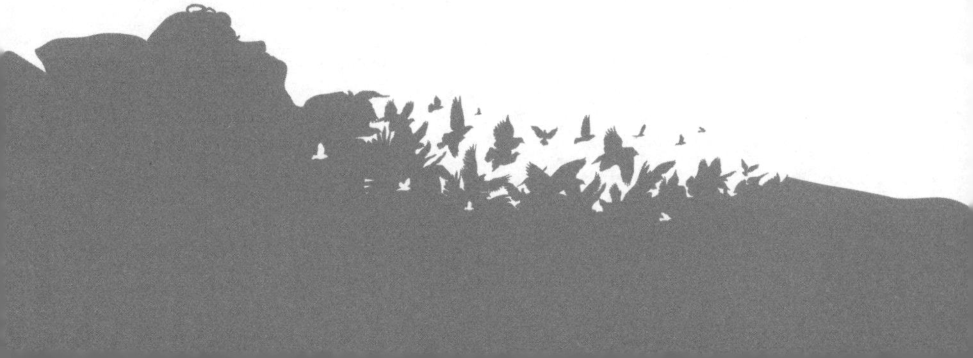

是時候該和我的女兒們談談。上一次在我們面前出現這些文件是在將近九年前，就在我被診斷出患有失智症之後的事。完成永久授權書是我和女兒們在我收到診斷後所做的第一件事。當時我覺得時間非常緊迫——如果我早在二〇一四年就能知道我的生活會因此有什麼轉變，我就不會那麼手足無措。

二〇一四年那個午後，我特意用烤箱烤了一些蛋糕當作下午茶點心，那時我還能使用烤箱。這一次，我從約克郡我們最喜歡的糕點烘焙坊買來了蛋糕。它們被裝在盒子裡並用金色絲帶繫好，我沒有親手繫上那些整齊的蝴蝶結，因為如今我的手指很難繫好蝴蝶結，但正如我常說的「總會找到辦法」——貝蒂烘焙坊拯救了我。

那是一個炎熱、陽光明媚的下午，我正等待著女兒們到來，但那天早上儘管天氣很好，不久卻起了濃霧，如同我心中同樣感到的朦朧和不確定，我不知道該如何向女兒們解釋我的預立醫療自主計畫以及為什麼這樣做的原因。當然，她們知道我的意願，所以我認為她們不會感到驚訝，儘管如此，我在描述我的拒絕治療之預立醫療決定書（Advance Decision to Refuse Treatment, ADRT）以及它現在所包含的內容時，仍然感到責任重大，尤其這是我第一次將拒絕住院接受治療的心願付諸筆墨，即使這個決定意味著我的生命將因此縮短。為了確保我解釋得夠清楚，我把要說的話都打成字。也許，在我等待她們前來時，我感到的不是緊張，而是一種惶惑不安，有哪個母親會願意與自己的孩子進行這樣的談話？我們都知道必須去做這件事，但這並沒有讓事情因此變得簡單……

在得知診斷的結果後，我無法專注於未來，因為我不再知道未來會是什麼樣子。我無法專注於現在，因為我覺得有太多事情需要計畫：我的未來狀態、我的照護方式、我的死亡。然而，這一切是什麼時候出現了改變？什麼時候「希望」這兩個字再次被照亮？它首先開始於我所參與的第一項研究計畫，試用目前用於治療痤瘡的藥物米諾環素（minocycline），並希望將其重新用於減少失智症患者大腦的發炎反應。從那時直到現在都參與計畫，尤其是能夠讓其他人在未來重新界定失智症，這讓我充滿希望。在我開始接觸其他失智症患者之後，我第一次聽到我現在的朋友艾格尼絲．休斯頓（Agnes Houston）站在台上，在自己被診斷出失智症十年後仍能侃侃而談時，重新燃起了我對自己的希望。突然間，我意識到自己確實還有未來。我有希望追隨別人的腳步，有希望生活下去，絕望因此隨之消失。一旦我重拾信心，我就找到了生活的目標。我發現，當我站在講台上時，我可以給予其他人希望，而那些因此得到希望的人，也會跟隨我的腳步，站上講台給予其他人希望。

唯一的問題是，每次去做衡鑑時，我都不可避免地無法通過他們要我做的小型心理測驗。儘管在醫院外，我的自信高漲，但我的測驗分數卻一次比一次低。在醫院的四面牆內，醫生所關注的只是我的病情有多麼嚴重。我給了別人希望，但醫護人員卻奪走了我的希望，因此我認為他們對我弊大於利。他們對我毫無用處。我非常清楚，失智症正在一點一點地拆解我的自我——我不需要醫生來告訴我這一點：這就是我的生活。我的解決辦法就是停止參加衡鑑。那時是二〇一七年，從此以後我再也沒有參加過衡鑑。衡鑑的影響是如此負面，以致當我走進衡鑑室時所抱持的任何希望，在我走出時都被掃得一乾二淨，而我並不是唯一一個這麼想的人。

在我那些被診斷出患有失智症的朋友中，我經常不免注意到，他們並不希望討論生命的終結這個部分，而是更關注於當下。因此，他們中的許多人也拒絕參加衡鑑和進行斷層掃描，這不僅僅是因為失智症無法治癒，因此也沒有任何辦法可以幫助他們（除了藥物，而這些藥物可能會，也可能不會，減緩疾病的發展速度），也是因為當你罹患了持續惡化疾病時，很少會有好消息，他們和我一樣，寧願把注意力放在如何過好每一天。在這些衡鑑之後，我每次都要花很大力氣提醒自己，這種疾病有前、中、後期，但我不知道自己在那個特定的尺度上處於什麼位置，而且如果他們無法治癒我，我目前所處的位置真的重要嗎？

我的朋友朵莉在二〇一二年五十九歲時被診斷出患有失智症，她和我一樣不再參加衡鑑，因為她發現衡鑑讓她無法活在當下。朵莉說：「當他們向我宣告我的病情惡化時，我會非常沮喪和不安。這就像重新收到一次診斷。我一直以為自己做得很好，但顯然我做得並不如我想像的那麼好。現階段的我活在自己的世界裡相當快樂，所以我真的想知道我現在的病情在惡化嗎？」

朵莉向我描述了她決定不再參加衡鑑後的感覺，她覺得自己有權去過她想要的生活。「人們喜歡提醒我，失智症是持續惡化的，」她說：「但在生活中，沒有人知道會發生什麼事，生活本身就是不斷在進行，所以你必須過好每一天。你可能達不到好轉的階段，你可能在那之前遭逢車禍，所以只要過好每一天就行。我覺得我現在可以掌控好自己，沒有人告訴我必須去做這些衡鑑，你不會聽到好消息，只有壞消息。你不想被告知你的病情沒有進展，反正你自己也知道。」

和我一樣，朵莉也認為被診斷出患有持續惡化疾病，會讓人更加專注於生活。

「我不去回想過去，我的過去沒有多快樂。我已經為我的死亡和後續事務準備好了一切，所以我也不去想我的未來。」她說：「我甚至不去考慮明天的事。如果我今天感到快樂，我就是快樂的。如果我得冒險才能做一些我喜歡的事情，我會放手去做，但如果住在療養院中，他們可不允許你這樣做。我寧願去做我喜歡的事而死，而不是坐在療養院一角的椅子上死去。」

朵莉所說的一切都引起了我的共鳴。我們的理念確實相同，而且朵莉和我一樣，也與她的孩子們進行了這些重要的對話。「我召集了一次家庭會議，要他們帶酒來。」她告訴我：「我對未來已有規劃，但他們卻說：『別談這個。』但我很堅持。我對兒子說：『如果我到了無法獨立生活的階段，你會怎麼做？你對我有什麼計畫？』他說：『嗯，你必須去住療養院，不是嗎？』我女兒則說：『你必須搬來和我們一起住。』但我告訴他們，我不想讓他們來照顧我，他們有自己的家庭，自己的孩子。對我來說，重要的是能夠過我想要的生活，享受我的人生，知道我的願望在最後會實現。我已經說過，我不想要急救，我想要的是生命的品質和對生命的掌控。」

朵莉堅持認為，她現在強迫孩子們進行這些令人不舒服的對話，是為了讓她能夠繼續生活和享受生活，因為她知道她的願望最終會實現。但是，即使在疾病進入晚期之前，我們當中的許多人也會忘記，我們確實有權對醫生建議的治療提出質疑，這不僅僅是指自主停止參加衡鑑。對於其他疾病而言，還包括拒絕治療或手術。

二〇一六年，英國皇家醫學院（Royal College of Physcians）推出了「明智選擇」（Choosing Wisely UK）這項倡議運動，旨在改善醫護人員與病患之間的對話。該組織制定了一項以「BRAN」為縮寫的共同決策策略，並建議在任何有關治療或手術的諮詢中，都應以「BRAN」為基礎，提出以下四個問題：對病人的**效益**（Benefits）是什麼？**風險**（Risks）是什麼？有哪些**替代方案**（Alternatives）？如果我選擇**什麼都不做**（Nothing）呢？

你可以將這個策略應用到各個醫療問題上，包括小至與醫生諮詢是否應該服用維生素D補充劑，或者大到進行大手術和化療。在我看來，這是與醫學專家開始對話的一個簡單方法，而不是如同經常出現的情況，直接接受他們根據自己的標準，認為接下來應該發生在你身上的事情。

在很多方面，我們的醫療服務都希望我們能夠更加積極主動地做出決策（例如，它賦予準媽媽權力，要求她們制定分娩計畫），然而，如同朵莉和我一樣，當我們決定離開醫療體系時，我們之中的很多人仍會發現阻力重重。但我在想，也許這只是來自我們對失智症的個人經驗，因為我們誰都無法得到治癒。我清楚知道，做出這種決定的我和我的朋友們，會覺得自己更能掌控自己的生活、自己的身體、自己的心智，儘管我們的心智的確在其他方面讓我們失望。但我們仍然可以做出決定，我們也確實這樣做。而我想和其他生活在不同環境中卻有類似感受的人談談。

莫莉．巴特雷（Molly Bartlett）於一九九九年被診斷出患有腎癌，當時她五十一歲。她接受了右腎根除手術（即外科醫生切除整顆腎臟及其周圍組織），留下一顆腎臟，但七年前醫生在她剩下的腎臟中又發現了兩個腫瘤，腎上腺裡也發現了一個腫瘤。沒有任何治療方法可以治癒她的疾病，只有那些可以延長她生命的方法，而所有這些方法都需要定期洗腎。在莫莉收到第二次診斷時，她一直期待著過一個不用去醫院的夏天，因為她的伴侶海倫剛剛結束了乳腺癌的治療。癌症復發的消息對莫莉來說來得不是時候，但為她診斷的醫生認為她應該繼續接受醫院所能提供的任何治療。然而，莫莉不想一輩子都與洗腎機綁在一起，她尋求了第二家醫院的意見，結果也是同樣的情況，這引起了莫莉的思考。

「我意識到我想要的是生命的品質，而不是生命的長度。」她在我們見面時說：「但要擺脫醫療桎梏並非易事。我是一個相當有主見的人，但我覺得自己可能會被說服。我去看的第一批醫生甚至沒有提及不接受治療的可能性。他們沒有一個人說：『好吧，你當然有另一個選擇，那就是什麼都不做。』」

最後，莫莉寫了封信給她的諮詢師和醫生，他們接受了她拒絕治療的決定，但從那次診斷到現在已經過去七年，莫莉注意到，在她參與的臨終關懷機構中，只有少數人跟她一樣拒絕接受治療。對我來說，遇到一個與我和我的朋友想法一致的人是件有趣的事。我想更瞭解她所做的決定以及這些決定對她產生的影響。畢竟，莫莉生命的最後七年原本可能得要在醫院度過，但當她坐在家中透過Zoom與我和安娜聊天時，她看起來輕鬆自在，而且剛從花園前來與我們談話，我們不得不承認這對她來說應該是更好的選擇。

「我遇過很多人，他們認為醫生說的都是對的，你別無選擇。我看到他們的生活充滿了電腦斷層掃描、等待結果和醫生約診。」莫莉告訴我：「但我決定不這麼做。我們知道疾病本身不受我們的控制，但以自我選擇的另一種方式掌控我們的生活，可以讓人覺得受到療癒。」

這真的引起了我的共鳴。我覺得現在能夠為我的照護方式做出決定非常重要，因為我知道隨著失智症不斷惡化，總有一天我可能再也無法掌控一切。如果我沒有及時發現這一點，那麼我將失去所有的掌控權，然後完全任人擺布，這是我不願見到的。我不再參與衡鑑，因為我和朵莉一樣，想要遠離所有的負面結果，而我很想知道莫莉是否也有同樣的感受。

「是的，我也有同感，」她說：「你可以傾聽並理解自己的身體。我的生活肯定比以前受限，但我並不為此惴惴不安。事實上，就在這個週末，我還在和我的伴侶聊天，因為我不能和她一同前往丘陵散步，我們在思考我用助行器能走多遠，助行器能否真的發揮作用，或者我是否該花錢買個有特殊輪子的助行器。但有時，為了繼續做自己想做的事，總會有需要調整的地方，才能保持愉快的心情。我碰巧認識亨利．亞林漢姆（Henry Allingham），他是第一次世界大戰老兵，他去世時享嵩壽一百一十三歲，他對我說：『親愛的，關鍵在於適應。』他說得沒錯。無論生命給了你什麼，作為一個人，你總有能力去適應。」

然而，因為我的大腦正在一步步地奪走我，我知道總有一天，我做再多的適應也沒用，而我希望這也是我的選擇，這樣就不會有問題。其他人通常不希望你放棄與生命搏鬥，但對我來說，重要的是我有這個選擇權。我的女兒們非常理解我，她們接受一切。儘管她們可能不同意我的決定，但她們願意接受我的安排，情況因此大不相同。這樣，你就不會認為自己辜負了別人，因而產生內心的不安。你也不會因此天人交戰。一個善意的舉動，能讓人在生命的最後一刻感覺更自在、更寧靜，是一件非常幸運的事。

我和莫莉有很多共同點，尤其是我們都喜歡把事情白紙黑字寫下來。和我一樣，她也已經把很多事情安排妥當，我們都同意一個事實，那就是我們與我們所愛的人進行的對話，必須要和法律文件的內容一致：兩者缺一不可。至於是先談話，還是先辦妥書面手續，這可能因人而異。例如，如果展開對話對你來說很困難，那麼具有效力的法律文件可能會有破冰的作用，我的朋友蓋兒就是一個例子，她告訴女兒們她約了人寫遺囑，如此才有機會能夠和她們談論死亡。其他人可能會希望更清楚瞭解自己的決定，並在與親人交談之後，再訴諸法律文件。對有些人來說，必須先進行對話，才去談書面文件，如此才能在他們的朋友和家人完全知情和同意的情況下進行。我已經在三本書中提及對話的重要性，它仍如過往一樣是我很看重的一件事，特別是當它可能意味著讓人對生與死的安排一目瞭然（真的就是字面上的「一目瞭然」），或者至少是個美好的善終。然而，我們不僅需要和我們所愛的人展開對話，我們也需要與醫療專業人員進行良好的溝通，以**他們的**語言來傳達我們的想法，因為在生死時刻，他們如何詮釋你在預立醫療自主計畫中所撰寫的內容，才是最重要的。

儘管我在這個領域多所準備，也參與了各類實體或線上對談，但我仍然對自己死亡的樣貌充滿疑問。我想起了約翰．辛頓教授在一九六三年撰寫的報告中，提及臨終者迫切希望得到的答案：死亡會拖上很久嗎？會有痛苦嗎？是否能夠緩解痛苦？我有許多類似的擔憂，但我該向誰詢問？

凱薩琳．曼尼克斯的整個職涯都在從事臨終關懷的工作。她最初從事癌症照護工作，但她發現，可以讓她做出最大貢獻的，並不是照顧那些可以治癒的病人，而是照顧那些無法治癒的病人。九〇年代初，她接受認知行為治療師的培訓，創辦了英國第一家針對生命末期患者的認知行為治療診所，為人們提供一個安全的空間，讓他們可以提出他們迫切想要提出的問題，並幫助他們接受所得到的答案。此後，凱薩琳還撰寫了《週日泰晤士報》（*Sunday Times*）的暢銷書《以終為始》和《傾聽：當我們必須談論死亡與離別時》（*Listen: How to Find the Words for Tender Conver-*

sations）。二〇二二年夏天，凱薩琳在推特上寫道：「儘管醫學已經取得了巨大進步，挽救了許多原本早逝的生命。但死亡率永遠都是百分之百。」

似乎沒有比凱薩琳更合適的人選了，她擁有豐富的經驗，我希望能夠聽她談談死亡是什麼模樣。當我聆聽《以終為始》的有聲書時，它回答了我很多問題。書中有一節講的是，作為一名實習生，她觀察到自己工作的臨終關懷醫院裡，其中一名顧問如何向一名婦女描述她該如何面對死亡。女人急切地想知道她是否有勇氣面對這件事。她擔心這對她來說是否會很痛苦，如同辛頓教授所詢問的那些人一樣。凱薩琳回憶那名顧問如何向病人保證：如果在病程中，患者沒有經歷過劇烈的疼痛，那麼她在臨終時就不太可能會突然才開始經歷劇痛。凱薩琳聽著顧問描述，隨著病人越來越虛弱，他們在最後幾週、幾天和幾小時的經歷會變得非常相似：

> 隨著時間過去，人們變得越來越疲憊，他們需要更多的睡眠，才能讓自己有力氣……我們覺得從現在開始會發生的事情是，你將逐漸變得更加疲憊，你將需要更長的睡眠時間，清醒的時間會更少……隨著時間過去，我們發現，人們開始花更多的時間睡覺，其中一些時間他們睡得更沉，他們陷入昏迷……因

此，在生命的最後階段，人只是呼吸減慢，然後慢慢停止。臨終時不會突然感到疼痛。沒有消逝的感覺。沒有恐慌。只是非常非常平靜……

我可以想像，這種描述會讓很多人安心，但我們太習於在電視和電影上看到那種戲劇化而痛苦的（或演得很痛苦的）死亡，難怪我們會害怕。不過，那位顧問描述的是癌症患者的死亡，而我對自己的死亡可能是什麼模樣以及失智症患者如何死亡仍心存疑問。

凱薩琳在我們見面時解釋：「我的書中所描述的死亡方式並非單指癌症死亡。不論是心臟衰竭、肝臟衰竭、肺部衰竭，其實都差不多。書中還有一些關於老年失智症的內容，我們後面會提到，因為大腦的某些部分會提前衰竭，但死亡的模式幾乎是一樣的。我們都會面臨死亡，而且幾乎所有人都會透過這種共同的途徑走向生命最終，就像任何一個生過孩子的人，都會經歷共同的分娩過程。

「失智症的病徵有其模式，其中一個特點是人們會經歷一段旅程，通常經歷這段旅程的不只是病人，就連家屬都意識到這不僅僅是記憶出了問題，而是整個腦袋都受到影響，我們的大腦十分神奇，每個人的性格、情緒和身體上由大腦控制的部分，都會被正在發生的短路問題干擾。」

我在我的第二本書中談到了這個問題，當我們患有失智症時，我們面臨的挑戰當然也包括大腦的短路，這同樣也會影響失智症患者的死亡方式。

凱薩琳繼續說道：「我們知道失智症患者會逐漸失去對吞嚥的控制，在病程的那個時刻，我們必須做出一個非常重要的決定，即在我失去吞嚥能力的那一刻，是否意味著我將不再進食，我是否允許插上餵食管。」

凱薩琳向我解釋說，灌食管（PEG，「經皮內視鏡胃造廔術」〔percutaneous endoscopic gastrostomy〕的縮寫）透過一個小孔直接安裝在患者的腹壁上，然後再將其插入胃中。

「你可以趁患者在夜間熟睡時灌食。然而，當失智症患者的睡眠開始出現混亂時，這會是個挑戰，因為大腦也管理著我們的睡眠週期。但有些人會提前決定拒絕這種治療，理由是如果我不吃東西，我就不必活到大腦進一步衰竭的漫長階段，因為在那之前我已經先因缺乏營養及水分而死。還有一些緩和照護方案，可以幫助病人避免飢餓帶來的痛苦，如腹部絞痛，從而幫助他們在臨終前保持安適。儘管他們的死因是飢餓，但他們的飢餓是因為他們的大腦不再允許他們的喉嚨吞嚥，所以他們是因為失智症的作用之一而過世。然而，餵食患者，是我們用來表達我們對他們的愛的方式，所以家人往往不願接受停止餵食的作法。」

我知道這種情況很可能會發生，但這也許正是一個畫下句點的地方，因為我已經在預立醫療自主計畫或生前預囑（living wills）中做出了交代，只是其中一些術語需要進一步釐清。我在第一本書中曾寫道，在我被診斷出患有失智症後，我便擬定永久授權書，讓女兒們成為我的代理人。這意味著當我不再具有行為能力時，女兒們能夠在健康和財務問題方面代表我發言，例如，進入我的銀行帳戶，以便她們能夠代替我支付水電費。正如我在前面所提到的，這是我最初預先準備的書面文件之一，它使我跟孩子們能夠就預立醫療自主計畫或葬禮安排進行對話。但這已經是八年前的事，這些年來，我在這個包含我的意願的資料夾中添加了各種不同的書面文件，而每一份文件卻只是更加添一層困惑。

不論是在同儕互助會或其他團體中，我經常聽到人們把預立醫療決定書、預立照護計畫、緊急護理和治療摘要表（Recommended Summary Plan for Emergency Care and Treatment, ReSPECT）或甚至預立醫療自主計畫混為一談，儘管我在失智症方面的大部分宣導工作提過這些計畫書，但我仍不太確定這些計畫書的內容：究竟哪個表格最重要？更重要的是，我是否握有正確的書面表格來確保我的意願能夠確實實現？

該從哪裡開始取得這些資訊？畢竟，醫界人士不會提醒你準備好這些表格。你的醫生也不會發訊息提醒你，同樣地，如果你沒有任何書面文件在身邊，他們也不會執行你的意願。就像我常說的：你不知道自己哪裡不清楚。不要以為這是只有慢性病患者或重大疾病患者才需要考慮的問題。畢竟，一個二十多歲的年輕人很可能哪天會被一輛公車撞得失去知覺，而除非他寫下了自己的意願，或是指定一名律師為他代言，否則有誰會知道這個失去知覺的人希望接受什麼樣的治療？在我們十六歲之前，我們的父母會根據醫生的建議為我們謀求最大的利益，但這與我們在生命的最後幾年裡所面臨的情況是不同的，因為如果我們喪失了為自己發言的能力，摯愛我們的人該如何幫助醫生照護我們？這不僅是老年人或病危者的問題，也是每個人都會遭遇的問題。但幸運的是，我們還是有解決的辦法。

我們已經討論過與我們所愛的人進行對話的重要性，這樣他們就可以將我們的意願告知醫生，但我們必須將它寫成書面的形式，否則它只會成為醫療專業人士的參考而已。我知道文書工作非常枯燥繁瑣（就連我在這裡為你寫下這番話時，我自己都覺得很囉唆），但這道程序卻會決定你人生最後階段的長短、生活品質的好壞，以及能否得到善終。因此，我們必須知道這些文件之間的差別何在、哪些文件最重要、哪些文件能夠讓我們的家人按照我們的願望去做。這不僅關係到你所寫的內容，還關係到你要如何去寫。正如莫莉和我討論的那樣，預立醫療自主計畫專門為醫護人員準備，因此你必須使用醫學術語，這確實是許多人望之卻步的原因，因為他們認為醫生沒有時間幫他們去做這件事，或者他們覺得困窘而不好意思去做。難怪有些人乾脆選擇放棄，因為他們壓根不知道該怎麼做。預立醫療自主計畫裡的每個項目都是有其用意的，但重點是必須簡潔與清楚：如果上頭的指示很模糊，醫療小組就無法加以執行。幸運的是，英國有一些慈善機構，如「臨終關懷」組織（Compassion in Dying），它們願意花時間且擁有專業知識來幫助你思考你的意願，並將其轉化為醫護人員能夠理解和遵循的預立醫療自主計畫。

「我已經擬好一份拒絕治療之預立醫療決定書，我對這份決定書很滿意。」莫莉說：「這份文件是我和臨終關懷醫院裡的一位顧問一起擬定，對方在這方面經驗老到，因此這份決定書是按照醫生必須遵循的條款所擬定，同時也是按照我的意願訂定。我們針對決定書進行了校閱審核。我在新冠肺炎疫情期間仔細檢查過這份文件，文件嚴格遵循了我的要求。但我擔心的是，任何人都可以在這份文件上簽字。我曾誤以為必須由醫療人士簽署，但實際上並非如此。因此，願意在上面簽字的證人，可以是對條款一無所知的，但我覺得必須進行適當的對話，這樣你才能實現你的想法，部分原因是這份文件是以其他人可以遵循的方式所寫，另一部分的原因是可以讓你再三確認，因為你必須要能清楚瞭解自己所做的決定究竟意味著什麼，特別是考慮到它是一份具有法律約束力的重要文件。」

我完全同意莫莉的觀點，只不過我認為上面的語言必須是醫學用語，否則醫護人員可能無法百分之百清楚你的想法。因此，「臨終關懷」組織建議每個人都與醫生討論他們的預立醫療自主計畫，並確保院方有一份副本紀錄在案。

六年前，我在身為護士的女兒莎拉和醫生的幫助下，擬定了我的預立醫療自主計畫。這是因為我希望能與她一起擬定計畫。從那時起，我對自己的病有了更多的認識，我的病情也有了變化，所以在我撰寫本書的時候，顯然是重新審視我自己這份計畫的絕佳時機。然而，什麼樣的人能夠幫助我一起審視這些堆積如山的文件？

來自「為我代言」（Speak for Me LPA）的克蕾爾・富勒（Clare Fuller）作為一

名執照護士，在臨終關懷機構、醫院和社區從事臨終關懷工作已有三十年，但直到二〇二〇年為自己的近親辦理相關手續時，克蕾爾才決定成立自己的公司，幫助人們進行預立醫療自主計畫，包括協助撰寫永久授權書和預立決定書，並促使醫療專業人員更加瞭解預立醫療自主計畫。

當我與克蕾爾會面時，她告訴我：「的確，我們需要讓有關死亡和臨終的對話常態化。但同時我們也需要讓有關提前規劃的對話常態化，所以我已經擬好了永久授權書，因為我不知道下次開車上路時會發生什麼事。我竭力讓這些對話常態化，很多人覺得這些對話很可怕，他們往往認為這是在臨終的慌亂中才該做的事。然而，我們所有人都應該思考預立醫療自主計畫。」

克蕾爾同意與我合作，確保我所有的書面文件都井然有序。在她的指導下，我更加理解我需要備妥的東西，更重要的是如何措辭，以表達我心中的想法。

在我們第一次見面時，我向克蕾爾解釋說，我經常聽到人們提到「預立醫療自主計畫」，但我在自己的檔案夾裡卻找不到以此為名的文件。

「醫護人員和大眾都認為有『預立醫療自主計畫』這份文件，但實際上並沒有，」克蕾爾解釋：「這份計畫可以是拒絕治療的預立醫療決定書，也可以是你的緊急護理和治療摘要表，上面寫著你不希望被施行心肺復甦術。它也可以是永久授權書、器官捐贈書，或是你的網路遺產（在你去世後，你的社群媒體帳戶將如何處理），或者是你的寵物將如何處置。」

從我們談話一開始，我就意識到自己沒有遺漏任何細節，這令我十分欣慰。正如克蕾爾所說，英國醫療體系並沒有一個叫做「預立醫療自主計畫」的文件，也沒有專為包括照護人員在內的醫療專業人員登錄的集中管理系統，但預立醫療自主計畫這件事確實是存在的，它包括了上述提及的那些項目。但我們該從哪裡開始？優先順序又是如何？這也難怪克蕾爾在二〇二二年一月開始經營她自己的播客《談談預立醫療自主計畫》（*Conversations About Advance Care Planning*），每集都會邀請不同的嘉賓談論該過程的不同主題。克蕾爾熱衷於傳達這應該是「正常人生規劃」的一部分，我十分贊同她的觀點：當我們買房時，我們會買壽險，假若我們亡故，它便能用來償還買房的貸款，所以為我們自己的醫療保健做計畫，難道不該像是這樣普通到不行的事情嗎？

「女性會進行乳房檢查，男性則會進行前列腺檢查，這是很正常的現象。」克蕾爾說：「我們對於想要念的學校會有想法，對於要學的課程也會有規劃。透過避孕措施，我們計畫是否要生孩子。幸運的話，我們可以計畫自己的職涯，我們也會規劃自己的葬禮該如何進行，但對於職涯與葬禮中間的那一段，我們卻缺乏規劃。我的論點是，我們都在人生的旅程中，我們都會在某個時候死去，這對我們任何人來說都不足為奇，所以我們應該仔細去考慮。預立醫療自主計畫不該是什麼『凶神惡煞』，它也可以是一張喜悅清單。」

確實如此。二〇二〇年，我收到了非營利組織「我的醫療規劃很重要」（MyCareMatters）創始人兼首席執行長佐伊．哈裡斯（Zoe Harris）的《我的未來醫療規劃手冊》（*My Future Care Handbook*）。你可能還記得，我在幾頁前提到的朵莉，她同樣提及她的預立決定書。預立決定書非常好用，你可以在裡頭寫下你的預立醫療自主計畫、葬禮和網路遺產方面的願望安排。它不是一份法律文件，更像是一場對話的展開，一個可以幫助你和你的家人進行溝通，將你的想法和願望告訴他們的方式。至關重要的是，它還可以讓你未來的任何一個照護者對你的好惡有一定的瞭解：你是否喜歡睡衣更勝於睡袍，你喜歡喝什麼樣的茶，你喜歡淋浴還是泡澡，你喜歡聽什麼廣播頻道，你喜歡別人怎麼稱呼你。我們都知道能給我們帶來最大快樂的，往往都是一些芝麻小事，所以克蕾爾說的沒錯：在規劃未來的照護計畫時，我們必須像關注其他任何事情一樣，關注我們的喜悅清單，甚至，正如上一章的艾莉所說的，我們的願望清單——在我們還活著的時候，我們有什麼想要去做或實現的事情。

克蕾爾同意扮演審核者，與我一起檢視我的預立醫療自主計畫。她從一開始就告訴我，她的首要任務之一是確保我們檢查了我的拒絕治療之預立醫療決定書，因為她要確保我完全理解自己拒絕治療的預立決定究竟意味著什麼，並對此感到滿意。我詢問克蕾爾，在她看來，這是否是其中最重要的一份文件。

「你可以問十個不同的人，得到十個不同的答案。」她說：「在許多方面，預立醫療自主計畫比較是關於過程和對話，如果真要追根究柢，可以說裡頭最重要的事情，就是和你的女兒們進行對話，因為如果你今天去心愛的池塘散步時摔倒了，失去自主能力，我認為最重要的文件會是你的永久授權書，如果你今天失去了說出內心意願的能力，你可以把這個權力賦予你的孩子們。不過，若單是只有這份文件，其實還是不夠，因為如果你沒有與女兒們進行過這類的談話，她們或許會不知道該如何回答醫療專業人員詢問的任何問題。」

克蕾爾告訴我，人們經常在寫下他們的永久授權書後，就把它塞進抽屜裡，而沒有進行必要的對話。

「這有點像一棟沒有地基的建築，」她說：「這些地基的目的是為了讓這座建築屹立不倒。」

她這麼說的原因很清楚。英國的永久授權書表格可從公共監護人辦公室（Office of the Public Guardian，網址為 www.gov.uk/government/organisations/office-of-the-public-guardian）取得，你也可以線上填寫。至於如何填寫表格，我的建議是與像克蕾爾這樣的人討論，以確保一切都符合公共監護人辦公室的認證，因為授權書會因為錯誤的措辭而不具效力。永久授權書可以分為兩種類型：健康和福利，以及財產和財務。你可以選擇其中一種或兩種類型簽立。只有在你缺乏心智能力且無法為自己做決定時，健康和福利的永久授權書才會生效。但只要經過你的同意，財產和財務的永久授權書在公共監護人辦公室登記後即可生效。你必須年滿十八歲，並且在做出永久授權書時具有心智能力。向公共監護人辦公室登記需要一定的費用（儘管有些人會擁有免費登記的資格），在本書寫作之時，每份永久授權書的費用為八十二英鎊（如果你透過某個組織或律師來幫助你填寫表格，可能會有額外的費用；有些慈善組織有時會提供免費服務）。在永久授權書文件中，你可以提及自己已做了預立醫療自主計畫，但無須詳細說明其內容，除非你想這樣做。除了這些書面工作之外，與你指定的代理人討論你在預立醫療自主計畫中概述的內容也非常重要，因為正如克蕾爾所解釋的，如果他們不知道你的願望是什麼，又怎能執行？這一切都有助於你的代理人盡力替你執行你的意願，因為你已經以書面的形式詳細列出自己的意願了，他們就能滿懷信心地代表你的立場，替你發言。

克蕾爾檢查了我的兩份授權書，尤其是健康和福利授權書，以確保我已授予女兒們就維持生命的治療做出決定的能力。有人會選擇只授權代理人做出重大的醫療決定，至於任何維持生命的治療決定，則還是保留給專業的醫療人員，但對我來說，這樣的作法意義不大。如果你指派了兩名代理人，你可以選擇由他們共同決定還是分開決定。值得注意的是，如果你決定他們只能共同做出決定，而其中一位代理人因為度假等原因無法聯繫到另一位代理人，那麼他們就無法在緊急醫療情況下做出決定。如果你的代理人不幸提早去世，你的文件將因此作廢。我們在這幾頁裡討論的任何文件都沒有一個集中管理系統，因此，你的代理人需要妥善保管一份副本（或是知道你的副本存放的位置），並在必要時向醫護人員出示，儘管公共監護人辦公室確實持有你的文件副本。

我的女兒們可以透過我的財產和財務永久授權書進入我的帳戶，這樣她們就可以在我需要的時候幫助我，而不是只有在我喪失能力的時候。每家銀行都有自己獨立的登記系統，因此你可以向當地銀行諮詢，他們需要你提供哪些文件才能接受代理人代表你行事。當然，永久授權書並不適合每一個人，例如，並不是每一個人都有自己信任並願意為自己代言的人。這就是為什麼其他形式的預立醫療自主計畫非常有用，可以確保在做出這些重要決定時，仍能充分傳達你的心聲。

在我看來，這個系統可以說是過度複雜。它可以設計得簡潔一些，不僅能幫助病人，還能幫助醫生。而且正如我們已經討論過的，制定任何預立醫療自主計畫並不是強制性的，我們很少被要求這樣做。事實上，二〇二〇年一月發表在《刺胳針》（*The Lancet*）上的一項研究顯示，[1]在六千零七十二名急診入院患者中，只有兩百九十人簽立預立醫療自主計畫。在八十歲以下的患者中，只有百分之二．九的人有預立醫療自主計畫，而在八十歲以上的患者中，比例為百分之九．五。考慮到這份文件對於獲得我們想要取得的照護方式有多麼重要，我覺得這些數字之低令人吃驚。這也解釋了為什麼每當我在部落格上撰寫關於預立醫療自主計畫的文章時，都會得到如此大的迴響。人們顯然對它很好奇，他們知道自己需要它，但它的複雜性、繁瑣的書面工作和英國國民保健署的複雜系統讓人們望而卻步。如果我們有一個像器官捐贈那樣簡單的系統就好了。

克蕾爾清楚地解釋了我們在生命的不同階段應該如何因應。她說，患有慢性病或危及生命疾病的人需要預立醫療自主計畫，但那些認為自己健康狀況良好的人也應該**進行**預立醫療自主計畫。例如，立遺囑也算是預立醫療自主計畫的一部分，我們每個人都該替自己立一份遺囑，但根據一項調查，五分之三的英國成年人並沒有替自己立遺囑。[2]瞭解到無論我們的健康狀況如何，我們都應該簽立預立醫療自主計畫，這讓我的眼睛為之一亮。

有些人會想填寫「不嘗試施行心肺復甦術」（DNACPR）表格，它的英文全稱是落落長的「do not attempt cardiopulmonary resuscitation」，現在你知道為什麼需要縮寫的原因了。這是我們最常聽到的一種表格。（令人驚訝的是，根據《英國醫學雜誌》〔*British Medical Journal*〕發表的一項研究指出，[3]在英國，每五名患病的老年患者中只有一人填寫「不嘗試施行心肺復甦術」表格，儘管他們之中很多人都面臨著心肺驟停的高風險。而對他們施行心肺復甦術，結果通常不太樂觀。）

「不嘗試施行心肺復甦術」表格也可以作為你的預立醫療自主計畫的一部分，

但它並不具有法律約束力。它只是告訴醫生、護士或照護人員不要試圖對你施行心肺復甦術，即使你的生命取決於此。心肺復甦術，或我們通常所說的CPR，是由胸外按壓、肺部充氣和除顫（電擊以回復心律）組成。我們經常在電視和電影中看到醫生在施行心肺復甦術時，手裡拿著除顫器走向患者，命令人們退後並進行電擊以重新啟動心臟。在這些戲劇性的描述中，心臟因此重新開始跳動，情況因而好轉，但事情並非總是如此。這種心肺復甦術通常只能挽救那些身體健康、卻遭逢心臟驟停者的生命，並不適用於「普通死亡」。病人的心臟是第一個停止工作的器官（如心臟驟停），或是病人的心臟是最後一個停止工作的器官（如普通死亡），這兩者之間天差地別。

我們與雷蓓嘉．蘭利（Rebecca Langley）通過電話。她在三十歲時被診斷出患有第三期腸癌，而在此之前，她在二十多歲時便一直患有潰瘍性結腸炎。在接受了包括造口手術（將部分腸道移至腹部表面，以便利用袋子收集殘渣）在內的大型手術六週後，雷蓓嘉開始接受化療，化療導致她出現異常反應，後續接連發生過四次心跳驟停，醫生在此期間對雷蓓嘉施行胸外按壓，對她施行了心肺復甦術。在重症監護病房恢復期間，她被告知這次的醫療措施造成她四根肋骨骨折，而在幾個月後，醫生才發現這次醫療措施還造成了她的胸骨和三塊椎骨骨折。醫護人員雖然救了她一命，卻在不經意間在她身上留下了許多傷害。

「病人有很多種，不是嗎？我只想盡可能知道一切，」雷蓓嘉說：「但我知道如果我不問，我幾乎不會從醫生那裡得到任何資訊。我想他們是在重症病房注意到我的肋骨斷裂問題，因為他們顯然必須檢查我的肺部。但我卻在十八個月後才知道我的脊椎骨骨折。難怪我在那段時間一直背痛。我想是一位風濕病會診醫生在閒聊時，提到或許是我的脊椎出了問題。」

由於雷蓓嘉在化療中出現的反應，如果她的癌症復發，醫生不太可能會願意再為她進行化療，不過目前是好消息，雷蓓嘉的癌症已經治癒。最近她又做了一次手術，正在康復中，希望能再次恢復到完全健康的狀態（儘管有傷在身，雷蓓嘉在二〇一八年第一次手術一年後完成了鐵人三項，在住進重症監護病房十六個月後完成了半程馬拉松）。

她說：「我可能一輩子都會背痛。我的肋骨大多數時候並不嚴重，但如果我當天比較疲累，就會覺得像是被馬踢了一腳。」

儘管雷蓓嘉從癌症和心肺復甦術的傷害中恢復良好，三十六歲的她還是做出

「請勿施行心肺復甦術」的決定。

她說：「人們往往只能看到一個人生活的一角，不是嗎？我在上週才又進了急診室，所以現在和你說話的我，和當時無法和你說話的我，是非常不一樣的人。講完這通電話，我可能得回去躺著。因為身體不好，我已經十二年沒出過國。我曾試著找份工作，但由於容易疲倦，根本不可能工作。我很痛苦，在身體情況很糟的日子裡，我甚至無法照顧自己。當然，我的經濟並不獨立，我和母親同住，雖然我非常感激，但我不想在三十六歲時還住在家裡。我過著並不是自己想要的生活，你必須充分享受你所擁有的一切，但我肯定無法接受第二次化療。我會這麼說，並不是因為我想死，而是不想要再受苦。我不太可能再次發生心臟驟停，但我知道，如果我再次發生心臟驟停，那我所有關於拒絕心肺復甦術的文件都已經備妥。我現在拒絕所有化療和手術。很多人認為這是一種負面思考，但對我來說，這不是負面思考——這是我在掌控自己的生命，這是我在主張我並不想死，但我不想被困在這個身體裡，而不能去做我希望它去做的事。」

在我看來，這又回到「掌控」這個詞。一旦人們意識到他們有權可以掌控一切，可以質疑醫護人員，他們就會允許自己不同意他們的觀點。但正如雷蓓嘉告訴我的，醫護人員並不總是喜歡受到挑戰。

「我總是對醫護人員說：『如果換作是你的妻子，你會怎麼做？』」雷蓓嘉說：「這番話往往令他們措手不及。他們會說：『呃，這問題有點太私人。』但我覺得這就是我的生活，這就是我的一切。還有一點讓我很糾結，那就是他們看不到我的恢復情況。我的外科醫生知道我在家裡過得很難熬，但他不知道我的體重掉了多少，也不知道我有多痛苦，更不知道我進出多少次急診室，他只是忙著不停地動手術。」

我明白這對像雷蓓嘉這樣的人來說有多令人沮喪，對我來說也是一樣：替我做出診斷和治療的醫生已經完成了他們的工作，讓我隨著診斷一起離開，他們將檔案歸檔，卻沒有看到我之後必須忍受的一切。

我不禁為雷蓓嘉感到難過，一個三十多歲的年輕女人，醫院、手術和治療決定了她一切的生活。但她卻勇於質疑醫護人員。透過書面文件，我覺得自己更有掌控力，當你的大腦或身體被疾病侵襲時，這一點非常重要。

雷蓓嘉說：「我不認為我的願望是負面的。每個人都該問問自己：我想不想接受心肺復甦術？對我來說，這回到了掌控權的問題。我取得了掌控。我們計畫了一切，像是婚禮、分娩，為什麼不該預先規劃死亡這件事？」

就像我對雷蓓嘉說的那樣，我們需要的是平靜感，而這正是完成書面工作和對話會帶來的感覺。

彼得・霍爾加藤（Peter Hallgarten）比雷蓓嘉年長五歲，但當他在二〇二〇年因新冠肺炎入院時，他自己的「請勿施行心肺復甦術」決定和拒絕其他維持生命治療的預立醫療自主計畫讓他感到安心。我問彼得，在與死亡和平相處的過程中，他是否感到了某種平靜。

「我認為，當你覺得自己壽滿天年、人生的一切都井然有序且美好時，那個該來的時刻總是會來到。你可以為了康復而努力，在心裡說：『好吧，如果我走了，就走了，但另一方面，我會盡量留下來。』不過，對我而言，我不想接受醫療措施。這一點從一開始就很清楚。」

彼得和他的妻子十年前就在醫生那裡登記了他們所需的文件，當時他們身體健康，我問他為什麼覺得有必要這麼做。

「十年前，我第一次聽到『善終』的想法，就一直對它很感興趣。預立醫療自主計畫不僅合邏輯，也很明智。最後促使我們這麼做的動機，是因為我們看到發生在一位沒有預立醫療自主計畫的年邁朋友身上的事。為了讓這個不想繼續活著的朋友活下去，我們進出醫院不知幾回，這讓我們非常難過。我們希望確保自己不會經歷同樣的過程。我認為這樣做其實很好，因為你不希望你的家人看到你處於非常不快樂的狀態，而且在你已經選擇了死亡的情況下被迫繼續活著。」

彼得認為生命的品質要比生命的長久重要，這一點我非常理解。

英國一些地區有所謂的緊急護理和治療摘要表，這是一個由臨床醫生發起的程序，用於概述在你沒有能力做出或表達你的選擇時，你希望或不希望得到什麼樣的治療。令我驚訝的是，這些緊急護理和治療摘要表並不具有法律約束力；它們只是向醫護人員提出建議，旨在對於患者的偏好和醫護人員的臨床判斷都給予同等尊重。緊急護理和治療摘要表必須留在患者身邊。我把我的表格放在家中的冰箱。我的作法聽來或許有點奇怪，但國際獅子會發起了「瓶中資訊」（Message in a Bottle, MIAB）的概念，旨在幫助醫護人員或其他緊急救護人員在你家中替你急救時，找到你的醫療資訊和近親。「瓶中資訊」工具包已在英國發送了六百多萬個。我還在家門口貼了一張貼紙，告知急救人員我的冰箱裡有我的藥品和意願書。你可以從獅子會的網站（lionsclubs.co/Public/message-in-a-bottle/）免費獲得工具包。

在我看來，沒有一套集中管理系統可以將各式書面工作集中管理，而是有些文件具有法律效力，有些只是建議，所有的文件又必須分別進行，這實在令人費解。但是你準備得越充分，你的意願就越有可能得到實現。另外，你也可以詢問你的醫生，瞭解你的國民保健署機構是否使用其他表格，因為你使用的語言與可能為你提供照護服務的醫護人員的語言越接近，你就越有可能以你想要的方式得到照護或治療。

儘管我已經有了自己的預立醫療自主計畫，說明我拒絕接受治療，但我仍然不確定自己的方法是否正確。例如，我是否需要簽署一份像緊急護理和治療摘要表那樣的表格，或是我的拒絕治療之預立醫療決定書是否應該附在其他文件之後。克蕾爾仔細查看了我的拒絕治療之預立醫療決定書是否填妥，並向我說明，如同其他文件，拒絕治療之預立醫療決定書也沒有一個統一的集中管理系統。拒絕治療之預立醫療決定書與緊急護理和治療摘要表的不同之處，在於拒絕治療之預立醫療決定書是一份法律文件，因此必須年滿十八歲才能填寫。你必須具備理解撰寫內容的心智能力，其中包括以下聲明：「即使我的生命因此縮短或結束，我也拒絕這些或是其他治療。」此外，這份表格需要見證人，我建議你可以找你的醫生幫你做這件事，他們也可以證明你有能力簽署該份文件，儘管這不是法律上的要求。慈善機構「臨終關懷」組織有一份非常簡單的拒絕治療之預立醫療決定書，附有連結國民保健署系統的指導說明。這份範本由各界人士、醫護人員和法律專業人士合作開發，他們還提供免費的醫療熱線服務，讓過程可以更加順暢。

在此，我想簡單談談醫生這個部分：我知道現今要預約看醫生有多困難，而每次去醫院都能看同一位醫生更是難上加難。但我對那些患有慢性病或持續惡化疾病的人的建議是「耐心等待，預約同一位醫生」，這樣你才能得到連貫一致的治療。如果你的醫生瞭解你，瞭解你的病情發展軌跡，觀察過你的想法，那麼整個醫療規劃過程以及疾病惡化時該如何應對都會變得容易許多。如果可能的話，你該花時間建立這種醫病關係。

很多組織都會幫助你撰寫這些文件，不過「臨終關懷」組織的網站（compassionindying.org.uk）上頭有些不錯的資源和範本，還有免費醫療熱線服務可以讓你更輕鬆。

現在我們來談談構成拒絕治療之預立醫療決定書的要素。先快速解釋一下「預立聲明」（Advance Statement）與「拒絕治療之預立醫療決定書」之間的區別：「預立聲明」會詳載對你來說重要的事項，包括你的喜好，以及你希望如何得到和在哪裡得到照護，以作為將來你的照護者的一個絕佳參考，尤其是當你喪失行為能力時。「拒絕治療之預立醫療決定書」則是一份詳細說明你拒絕接受治療的文件。

在你的拒絕治療之預立醫療決定書中，你有權拒絕任何治療，包括心肺復甦、插管（接受機械幫助呼吸）、任何旨在輸入體液（包括血液）的治療、心律調節器、餵食管、抗生素、化療和透析。重要的是，要以明確而具體的方式列出對你來說重要的事項。拒絕治療之預立醫療決定書可以是一個非常直截了當的工具，我的拒絕治療之預立醫療決定書還包括這一件事：在任何情況下，我都不希望入院治療，即使這樣做可以挽救我的生命（對於我們這些患有失智症的人來說，入院可能會讓人感到恐懼、不知所措和困惑，而且一旦進入了醫療體系，就很難再離開它）。不過，在拒絕治療之預立醫療決定書中，你也可以同意接受一些可被視為緩和照護的其他治療方法。例如，失去吞嚥能力的患者可能需要透過注射泵或胃造廔插管來緩解疼痛，而胃造廔插管手術需要手術和住院，因此每個人的拒絕治療之預立醫療決定書的措辭必須具體、明確。如前所述，每種情況都必須經過假設和深思熟慮，並且必須用醫護人員能夠理解的語言來書寫。這就是為什麼我認為應該在專業人士的幫助下撰寫拒絕治療之預立醫療決定書的原因。同樣重要的是要記住，一旦某人喪失了對特定治療做出自我決定的能力，就適用拒絕治療之預立醫療決定書。

我自己的拒絕治療之預立醫療決定書正如我在這裡描述的，是個直截了當的文件。我已經考慮過每一種可能發生的情況，我對自己寫下的內容也很滿意，但在與克蕾爾一起檢查我的拒絕治療之預立醫療決定書時，她的工作就是測試我，確保我明白我寫下的內容的重要性和任何後果：

克蕾爾：溫蒂，你在拒絕治療之預立醫療決定書上的第一句話是：「當我無法表達我的醫療決定時，我拒絕所有可能延長我生命的治療。」

溫蒂：是的。

克蕾爾：這句話講得斬釘截鐵，而且並並未把不同的情況納入考量。比如說，如果你今天出去散步，在池塘邊摔了一跤，撞傷了頭，你難道不會希望接受治療，讓你能夠康復成今天的溫蒂嗎？

溫蒂：如果我有機會擺脫我現在這個患有失智症的局面，我會毫不猶豫地抓住它，不過如果我們沒有完成這本書，安娜可能會不太高興……

眾人：（齊聲大笑。）

克蕾爾：所以我要在這裡扮演魔鬼代言人的角色。你在為自己爭取權益，為教育他人而努力，你在給你的女兒們帶來歡樂，你在做著溫蒂在這一刻會去做的事。難道你認為這些對你來說還不夠嗎，你還必須擁有表達醫療決定的權力？因為倘若你出了意外，我們可以用維持生命的治療方法照顧你兩週，然後讓你康復成此刻在我眼前的這個溫蒂。你想成為她嗎？

溫蒂：不想。

克蕾爾：這是一個非常明確的否定。透過和你的交談以及閱讀你的書，我明白你的意思，但對有些人來說，這太斬釘截鐵了，有人可能會說：「嗯，我沒想過會有這樣的可能。」

溫蒂：這是在新冠肺炎疫情期間出現的問題。我和很多患有失智症的朋友在一起聊天，我們在討論如果我們罹患新冠肺炎，我們是否需要接受治療？很多人認為需要，但我認為不需要。

安娜：溫蒂，我能問你一個我一直想問的問題嗎？我知道在過去的一兩年裡，你曾因胸腔感染而服用過抗生素，如果你拒絕接受治療，為什麼還要服用抗生素？

溫蒂：因為我還能走動，還能從事活動。我沒有陷入昏迷，所以我需要去醫院，但在我無法表達我不想要接受抗生素治療的情況下，我想我就不會接受這個治療了。

安娜：好的，但正如克蕾爾剛才對你說的例子，如果你今天去了池塘，然後陷入昏迷，但在接受維持生命的治療方法兩週後，你又可以康復成有意識的溫蒂呢？

溫蒂：但他們不會知道，不是嗎？當我昏厥的時候，救護車可能會來把我送到醫院，但他們並不知道其實我不想去，因為我無法表達自己的意願。他們也不會知道，我醒來時會是什麼狀態。他們同樣也不知道，在醫院昏迷這麼多天，會不會使我的失智症惡化。僅僅住院兩個星期，就會使我的失智情況惡化，所以我不會以現在這樣的溫蒂出現在你們面前。這會是我擺脫失智症的機會，我很樂意抓住它。但如果只是胸腔感染，你只需要服用抗生素就能讓一切恢復正常。

克蕾爾：這是很有建設性的討論，我明白你在說什麼，溫蒂，所以如果你可以在自己家中自行服用醫師開立的抗生素治療胸腔感染，你會做出決定，接受治療。但是，如果這些抗生素起不了作用，需要以靜脈注射抗生素的方式進行，而這只有醫院才辦得到，這時你就會決定不要接受治療嗎？

溫蒂：是的。

克蕾爾：所以對溫蒂來說，抗生素只是我所謂的「症狀控制」，因為胸腔感染不容小覷，但我們可以做一些非侵入性的治療，情況仍在你的控制之下。但我們不能帶你去醫院，替你進行靜脈注射抗生素。

溫蒂：是的，因為失智患者在醫院住一週，就像別人在醫院住上一年，我不願意冒這個風險，過了一週出院後，卻不知道自己會變成怎樣。即使我的手腕骨折，我也拒絕入院動手術，所以院方必須在白天的門診替我手術，好讓我返家休息。

安娜：但下面這種情形也發生過。在疫情期間，你有幾個月不能出門，因此你忘了如何訂火車票。所以，在解封之後，你必須重新學習所有的技能，但你還是辦到了。

溫蒂：是的，但我那時還是能夠做其他對我來說很重要的事情。散步，哪怕每天只有一次。探望女兒、打字、拍照。所以，如果哪天我忘了該怎麼旅行，我肯定會很失望。但在會給我帶來快樂的四件事裡，它並不是其中之一。

安娜：抱歉對你施加了這樣的壓力，但知道你的底線在哪很重要。

克蕾爾：我認為這正是我們必須做到的地方，因為人們總是認為拒絕治療之預立醫療決定書很簡單，但其實不然。所以我有個問題要問你，溫蒂。在某些特殊情況，你可能暫時需要人工輸液和施打點滴，所以你的意思是，你不希望透過這些方式讓你回到現在的溫蒂嗎？

溫蒂：如果這意味著要住院，那就不要了。

克蕾爾：所以你的底線是不想住院，而不是治療本身。

溫蒂：是的。

克蕾爾：所以我們需要在你的預立醫療決定書上寫明，你的底線是不想被收治或入院治療。

也許你讀到這段對話時會覺得很刺耳，但對我來說，這是一次很有建設性的對話。透過克蕾爾和安娜詢問我關於遣詞用句和各種情況的問題，我不僅向她們澄清了我的底線在哪裡，也在自己心中更加確定不論在任何情況下，我都不想入院治療，即使這會奪走我的生命。我知道不是每個人都會做出跟我一樣的決定。許多人在醫院裡感到非常安全，我能理解這一點，畢竟我也在醫院裡工作過很長一段時間，但是，在面臨住院的可能性時，獨居加上失智症的結果不會太好。要健康地從醫院出院，光是這件事就困難重重。為什麼我這麼抗拒入院接受治療？特別是我的女兒是一名護士，我願意把自己的生命託付給她？關鍵就在於「她瞭解我」：她知道我的意願，並按照我的意願行事。醫院的工作人員，無論多麼富有同情心和愛心，他們並不瞭解我，也沒有時間來瞭解我，尤其是在緊急情況下。他們的行事方式，讓**他們**不會有機會仔細詢問我想接受怎樣的照護方式，因此他們對待我的方式，很可能會不符我的意願。對於失智症患者來說，醫院是最糟糕的地方：我們的生活規律被打破，我們熟悉的環境消失了，取而代之的是一個完全陌生的全新環境，充滿了噪音和我們不認識的人。有很多人告訴我，他們或他們的親人如何因為住院而導致失智症惡化。醫院無法提供對失智症有益的刺激，也無法提供熟悉的環境。也許我離開時身體已經康復，但我的失智症卻可能惡化到使我無法恢復獨立生活的地步。

克蕾爾承認，她對我準備做出的選擇感到驚訝，因為它們甚至可能會縮短我的生命，或許你也是這麼想的。克蕾爾認為我的生活是充實完滿的。她看到了我透過寫部落格和你手中這本書所做出的寶貴貢獻，但這只是我們對他人的看法，與人們對自己的感受無關。談話結束時，克蕾爾對我說：「對你提出測試是我的專業工作，安娜也是，但你一次也沒說過：『哦，我沒想到會有這一點。』你說這是你的『免受罪金牌』。你說過：『這樣的生活很精彩，我和我的失智症一起生活得很好，我正在迎接挑戰。然而，這樣的生活並不是我的選擇。』因此，這份拒絕治療之預立醫療決定書確實表達了你的意願，而且你已經考慮過我們想得到的所有選擇。」

的確，它確實說出了我想要的照護方式，但我也明白克蕾爾對我說這番話的用意，因為很多人都對我的強硬立場感到驚訝，但他們沒有看到在我的日常裡，有多少時刻我過得並不是那麼順遂，因此也並不是那麼充實完滿，但我卻不得不過下去。也許那些身心健康的人很難完全理解我們這些健康不佳者的生活，但諷刺的是，最終決定我們能否掌握自己生死的人，卻正是他們——這正是接下來我要討論的。

在等待女兒們前來討論我在這些文件上做出的決定時，我感到緊張不安，但在我看到她們的那一剎那，那種感覺立即消失了，取而代之的是，我覺得自己被她們給予我的愛和幸福所淹沒。我們拿著克蕾爾為我檢查過的所有文件坐下來，我深吸了一口氣。我抬頭看著眼前兩個已經長大的可愛女兒，我的思緒一下子回到了她們小時候，那時我讓她們坐在一起，教她們認識這個世界，替她們解決在學校發生的爭吵或不愉快，告訴她們禮貌的重要性，告訴她們努力學習的重要性。這是我們一起走過的學習之旅。然而，在內心深處，我卻不禁想著，我在這些文件上所做的決定，似乎讓我在離開她們的路上邁出了第一步？

她們的問題把我拉回當下。她們向我提出了各種設想，就像克蕾爾和安娜在我們的對話中所提出的一樣，儘管從我最摯愛的兩個人那裡聽到這些「假設」的感覺很不一樣，她們向我提出的任何問題，我早就先行一步考慮過。當我溫柔而自信地回答她們的每一個問題時，我看到她們的眼睛裡閃爍著理解的光芒。她們需要我替她們澄清的所有灰色地帶，都已經白紙黑字寫下。當她們分別告訴我，她們能夠理解我的心願時，我感到無比自豪、欣慰，還有滿滿的愛。說她們會很「高興」自己能夠替我實現這些願望（屆時她們將代表我發言），這樣的說法大概不太妥當，但我相信她們會更有自信，因為她們完全理解我對她們做出的請求。

等到我們談完後，我把兩個點心盒拿出來，我看著她們眼睛一亮，拉開金色絲帶，藏在裡面的蛋糕和點心露了出來。談話聲被笑聲取代，我意識到她們兩天後都要離開，而在那之前還有很多點心等著她們享用。

「呃，這夠你們早餐、午餐和晚餐吃了。」當她們走向門口時，我開玩笑說。

在歡聲笑語中結束是件好事，但為什麼她們一走，我仍感到如此孤獨，房子裡如此寂靜？

與女兒們交談只是我需要進行的對話之一，我還需要與我的醫生展開對話。我希望我在這幾頁的內容，能讓你深刻認識到與醫生分享自己的想法、感受和意願的重要性，以及保持醫療照護目標一致的重要性，因為畢竟，無論你現在的健康狀況如何，你的醫生很可能是你未來照護方式的守門人。

我的醫生已經習慣了我隨意提出的要求和問題，在我的上一本書中，我寫到我來到她的辦公室，遞給她一張允許我跳傘的許可單，只是這次我去見她，我握有這份截然不同的文件需要她簽名。

在與克蕾爾合作之後，我的預立醫療自主計畫與之前類似，但條件訂定得比之前更加嚴苛，其中包括在任何情況下，我都不希望被送進醫院。我對醫生可能會向我提出的「假設」做好了心理準備，就像對女兒們、克蕾爾和安娜一樣，我也準備好了答案。

我另外補充說，我希望在臨終關懷醫院（安寧病房）過世，而不是自己家裡。我知道很多人會要求在家中往生，但我不想讓自己的房子與死亡聯結在一起。我不想讓住在村子裡的潔瑪和史都華在遛狗抬頭望向窗戶時，知道窗後就是我嚥下最後一口氣的地方。在過去幾年的各種講座中，我認識了當地臨終關懷醫院的工作人員，他們總是向我保證，他們會讓我感到安適，控制任何疼痛，氣氛也會平靜許多。而且，只要我抬頭望向窗外，我還可以眺望美麗的花園。

這些更動需要我的醫生在我的拒絕治療之預立醫療決定書上簽字確認，但我不確定她對我不入院治療的要求會有什麼反應，所以當我坐在她面前遞給她那張紙時，我感到異常緊張。我看著她閱讀文件，她的眼睛掃視著上頭的文字，讀完後，她再從頭開始讀，不過這次讀得更慢，她把所有的內容重新仔細閱讀一遍。她這樣做的時候，我們之間出現很長一段時間的沉默，我在她的臉上尋找她可能在想什麼的蜘絲馬跡，為她腦子裡可能形成的任何問題或挑戰，預先準備好答案。

最後，她靠往椅背。「要是……」她開始說，我回以微笑。

「我敢說你要問我的任何問題，其他人都已經問過。」我說。

我看得出，她已做出要測試我的決心。

她問：「如果你走路時摔斷了腿怎麼辦？」

我舉起手腕，提醒她幾年前我在耶誕節前夕手腕骨折時，院方如何透過日間門診手術把它重新接好。

她的肩膀放鬆了下來，因我確實仔細思考過各種可能情況而滿意。她停頓了一下，然後傾身向前，用墨水簽下了名字。

「你知道嗎，溫蒂，我早就知道你會做出這樣的決定了。」她說：「我絕不會把你送到你不想去的地方。」

我回應她的凝視，看著她那雙親切的眼睛，我毫不懷疑她說的是真心話。但為了以防萬一，我的拒絕治療之預立醫療決定書已經上傳到我的雲端硬碟中，因此在我離開她的診間時，我感到更加安心，因為我已經充分傳達了我的想法和心願。

注釋

1 Thomas Knight et al., 'Advance care planning in patients referred to hospital for acute medical care: Results of a national day of care survey', eClinical Medicine, *The Lancet*, 19 January 2020, www.thelancet.com/journals/eclinm/article/PIIS2589-5370(19)30240-8/fulltext

2 '31 million UK adults don't have a will in place', *Canada Life*, 25 September 2020, www.canadalife.co.uk/news/31-million-uk-adults-don-t-have-a-will-in-place/#:~:text=Three%20in%20five%20(59%25),not%20chosen%20when%20they%20die

3 Jane Walker et al., 'Do not attempt cardiopulmonary resuscitation (DNACPR) decisions for older medical inpatients: a cohort study', *BMJ Supportive & Palliative Care*, spcare.bmj.com/content/early/2021/08/16/bmjspcare-2021-003084

在與自己、親友以及醫生對話後，你是否會在全民健保卡註記預立醫療決定？若你會這麼做，你拒絕治療的底線是什麼？

四　關於協助死亡的對話

二〇二一年底，我的體重突然明顯下降。當時我正準備去外赫布里底群島的路易士島探望我的朋友菲莉。那裡景致貧瘠、崎嶇，吹起的風是我一生中從未經歷過的，菲莉用來評定風速的方法，是當天需要用上多少個曬衣夾才能把衣服固定在晾衣繩上，這一天，當我們走向房子後院靠海的山崖去看海豹時，需要「五個曬衣夾」。

我拿著相機跟在後面，時不時停下來透過相機的取景器拍攝眼前的景致，海豹在聽到我們的呼喊聲之後竟真的出現，離我們如此之近，令我驚歎連連。在與狂風搏鬥的過程之中，我不斷停下來勒緊我的腰帶。結果，我們沒能避開即將來臨的暴風雨，等我們折返屋裡時，我們渾身濕透，頭髮上沾滿了風雨與海霧夾帶而來的鹽分，儘管如此，我們還是相視大笑，精神煥發，充滿活力，我再次拉緊褲子，不讓它往下滑。

過去幾個月，我的身材已經從十四碼縮水到了十二碼，但現在連這個尺寸都不到，瘦的只剩下十碼的我亟需一條腰帶。回家後，我向物理治療師海倫提起了這件事。醫生前一週剛替我進行完手術，她正準備替我的髖關節注射類固醇。

我告訴她：「可能是我太常散步的緣故。」我試圖把注意力從長長的針頭移開。「光是上個月，我就瘦了一圈。」

我在她臉上尋找線索，如同乘客在亂流中查看機組人員臉上的表情。因為我的心裡仍為此感到牽掛不安。

「你跟克拉克醫生提過這件事嗎？」她板著臉孔說。

「沒有，」我說：「但我下週跟她有約診，所以我會盡量記住這件事。」

海倫說：「那麼，把它寫在本子上吧。」在我看病時隨身攜帶的筆記本上，她用原子筆記下我下一次的預約時間，提醒我去看病的原因和需要提問的問題，並在下面留出空格，讓我把看診結果填上，這樣我就能在女兒們問起時告訴她們醫生怎麼說。

隔週約診時間一到，我坐在外科候診室裡，努力讓自己不要太緊張。並不是因為前去看診令我緊張，而是因為我總是擔心醫生會忘了我，或是她可能叫了我，我卻沒聽見，或是我是不是坐錯了候診區。「她每次總是姍姍來遲。」我對自己說，摸索著從口袋裡掏出鮮紅記事本。打開一看，「體重減輕」幾個字赫然在目。我並沒有過度擔心，只是時不時地有點小毛病。我跟女兒們提過這件事，但只是因為我不確定我是否該買新褲子，還是等著看我會不會再胖回幾磅。因為我不常感到飢餓，所以我很容易錯過吃飯時間。這就是為什麼我得在iPad上設置鬧鈴來提醒我吃飯，而我這樣做的唯一原因是為了儲備足夠的體力，好讓我可以去散步。

「溫蒂？」

醫生出現在她的診間門外。我跟著她走進診間，牆上掛著那幅熟悉的群馬照片，窗戶敞開著，光線照了進來。我們寒暄了幾句，最後我提到體重突然減輕的事。她的臉顯得很平靜，沒有任何表情。「你知道自己以前多重嗎？」她問道。

「我還記得我的體重掉到了六十公斤，當時我嚇壞了。」我開玩笑說，試圖緩和一下氣氛，因為那種害怕與牽腸掛肚的感覺又再度出現。

她帶我走到體重秤前，我緊緊抓住她的胳膊，以免踩上去時絆倒。秤針忽左忽右地晃動著，然後靜止下來。

「嗯，五十二公斤。」她說。

「我之前多重？」我問。

「差不多五十公斤左右。我們來抽血做個檢查。」她回答。

我耐心地坐著，她準備了幾個試管和一隻針筒，從我的手臂上抽了一些血。

「你認為是癌症嗎？」當粘稠的溫熱液體從我的靜脈流經塑膠導管時，我說道。

她已經習慣了我的直接提問，回答說我們需要排除一些可能性，沒錯，癌症就是其中之一。我沉默了一下，接著說出了心裡真正的想法。

「你知道如果是癌症，我不想接受治療吧？」我帶著自信說。

一年前，我的醫生幫我填寫了緊急護理和治療摘要表，所以她知道我對這些問題的看法有多堅決，但我還是覺得有必要說出來。我還是想提醒她。

「是的，」她說：「不過，船到橋頭自然直。兩週後再來找我，屆時檢查結果就出來了。」

等待結果的這兩週裡，我滿腦子不斷想著罹患癌症的可能性。我知道，對有些人來說，癌症是他們最可怕的噩夢，對這點我沒有任何貶抑之意，也不是不理解他們的恐懼，但對我來說，癌症代表了不同的出路——能夠讓我從失智症中解脫。我突然覺得這就是答案，這是在失智症的迷霧籠罩我之前，讓我的身體得到解脫的機會。在這兩個星期裡，我一遍又一遍地問自己：我確定自己不想接受治療嗎？答案總是肯定的：沒錯，我不想接受治療。我不知道是否應該先告訴女兒們，還是在醫生宣布結果後才確認此事。最近，當潔瑪提到我變瘦時，我推拖了一些理由，不讓她們擔心，只說我不過是吃得不多，但我知道我無法瞞過莎拉的眼睛——她是一名護士，專門負責治療癌症患者。我不知道她是否已經把我當成了癌症病人。

在糟糕的日子裡，當濃霧罩頂、頭痛欲裂時，我再次告訴自己，癌症將是我的完美出路，是我逃離失智症晚期症狀的解脫之道。在那些時刻，自怨自艾將煙消雲散，就像一種祝福，儘管我知道很少有人能夠理解這一點。

從那時起，我開始接受它，玩轉我的想法，制定計畫：我要如何告訴我的女兒們，我不想接受治療？要怎麼與我的醫生討論緩和照護？如何向其他人解釋我不想接受治療的原因？不，這些都得等一等。我的生命，我的選擇。我不需要解釋任何事情。我將成為一名癌症患者，而不是失智症患者。

我向來能在日常生活中將負面訊息以正面心態解讀，這次經歷也不例外。驗血兩週後，我又回到了克拉克醫生寧靜的小診間。這次我感到更加放鬆，甚至充滿希望。我告訴自己，如今醫療技術已經非常先進，我再也不用像爸媽那樣受苦。我知道末日即將來臨，我可以盡情地生活。從今往後，對我重要的，將不再是剩下的時間長短，而是生活的品質——想到這裡，我感到非常平靜。

我的醫生再度把我扶上體重秤。指針在四十九公斤的位置擺正。

她說：「兩週內體重下降了三公斤。你一直都有記得吃三餐吧，溫蒂？」

「是的。」我向她保證。

她看了一遍所有的檢查結果。她的臉上充滿了擔憂和困惑，因為每項檢查結果都在正常範圍內。

「到底發生了什麼事？」我問，但比較是出於好奇，而不是恐懼。

儘管血液化驗結果呈陰性，但我確信癌症仍然潛伏在我身體的某個角落。

醫生為我安排了胸部和胃部的掃描和超音波檢查，我依約前往。十天後，當我在診間排隊接受新冠疫苗接種時，我發現我的醫生從她的辦公室走了出來，臉上帶著燦爛的笑容。

「我有好消息告訴你。」她說著，把我帶進了她的辦公室。所有的檢查結果都是陰性，沒有發現癌症的徵兆。

她停頓了一下，等著我回應她的欣慰和喜悅，但我的內心卻不得不迅速理清過去幾週裡縈繞在我心頭的所有想法，因為我的逃生口砰地一聲關上了。

「哦，那真是太好了，可不是？」我口氣平淡地說，與其說是為了我，倒不如說是為了我的醫生。

「下週你就診時，我再向你詳細解釋。」她說，然後準備叫下一位病人。

離開診間時，我感到的是悲傷，而不是本該有的快樂。我感到愧疚——我當然感到愧疚——對於那些為了得到這樣的好消息而不惜一切代價走進醫療院所的人，對於那些不得不面對期待落空的消息及其後果的人，我感到愧疚。但我為什麼覺得像是中了彩票，卻又弄丟了它？

當我下一次見到物理治療師海倫時，她同樣很高興地告訴我，我體重急劇下降的原因，只是因為我走了太多的路。我也跟著附和，但我急切地想對任何人說：「這原本是我擺脫失智症的正當理由啊。」

相反地，我只是微笑著。這是為了他們，而不是我。

我但願醫療體系能給我一條逃生之路。但願我們這些疲憊不堪——如此疲憊不堪——的人，最後能夠選擇休息。不只是我們所有患有慢性病、持續惡化疾病或絕症的人，還有我們之中那些希望避開生命末期階段的人，我們之中那些希望像計畫生命中的其他部分一樣，計畫其終點的人，那些希望在我們還能說再見的時候道別的人，那些希望有權考慮協助死亡的人。

但願如此。

本書經常出現一個詞：選擇。我們探究了人們希望如何死去，在生命的最後階段什麼對他們最重要：有家人和朋友陪伴；沒有痛苦；在自己家中得到善終。我們還探討了治療方面的決定問題：如果需要治療，人們希望得到什麼樣的治療；如果明天不幸被公車撞倒，無法再為自己發言，人們希望得到什麼樣的照護。

選擇。人類在日常生活中，每一天都在做選擇——至少是我們這些有幸享有身體自主權、不受政權或其他嚴苛法令約束的人。然而，我們卻無法選擇何時死去，至少在我生活的國家是如此。

我很少遇到完全明白我在說什麼的人，也很少遇到知道沒有死亡的選擇權，會對我們產生什麼影響的人，但我也知道我不是唯一一個思考生命終結，以及我們對生命終結的方式有多少控制權的人。我詢問了身邊患有失智症的朋友，他們是否也有類似的想法：

喬治：由於我有著各種病痛，而且每天都過得很痛苦、很疲憊，老實說，我對自己的思考比我應該思考的還要多，因此我往往會把死亡獨立起來思考，不與任何事情或任何人連結。我認真在想，何時我可能會覺得時機已到，也許可以吃點致命的狐尾草什麼的，或是毒芹。我真的會這麼做。事實上，今天上午我和我的互助小組進行了一次談話，我談到了一些關於狐尾草和自殺的話題，以及自殺是否會是一種溫柔的離去。有個人說：「老天，你通常是個正面思考的人啊。」我說：「我並不是在做負面思考，只是總有一天我得認真考慮這個問題。」只不過週日、週一、週二，過去這三天，我感覺糟透了，我一頭霧水，昏昏沉沉，腳痛得要命，我就想：「哦，上帝啊，我希望這種情況不會持續太久，因為如果是這樣的話，我不想活了。」總有一天我會這麼做，我會自己挖一株狐尾草，製成藥水，選擇一個時間擺脫自己，但另一方面，我也不確定自己是否會這樣做。這是很艱難的決擇。我們也不想這麼做，不是嗎？有誰會想要了結自己的性命？儘管如此，對於一切的終點，你必須用「以人為本」的心態去看待，我就是這樣，所以我仍然享受著生命。

溫蒂：我覺得你說到了一個關鍵，喬治。「我希望這種情況不會持續太久。」正是當這種情況日復一日地持續下去時，那些想法就會悄悄地進入你的腦海，因為在那些時日裡，你根本無法享受生命，這種說法只是垃圾。

喬治：沒錯，但只要我還能經常享受到樂趣……像今天這樣……好吧，我的確有時感到疲累，但我覺得還可以。光是看著雲朵飄過，看著樹在風中搖曳，看著其他一切，我就會覺得很高興，因為它們讓我不會去想到痛苦。我不知道那些癌症末期的人是如何面對的。也許他們總是認為自己能挺過去。

溫蒂：而且他們的大腦沒有受到影響。我們的不同之處在於我們的大腦受到了影響，而不是其他看不見的器官。疾病在體內發展，也許會給你帶來痛苦，但你的大腦還能正常運轉。但是當我的大腦無法運作的時候，我會希望這種情況不要持續太多天，因為大腦持續處於混沌的狀態，令我疲於應付生活。

喬治：這就像隔著一層紗，霧裡看花，你無法擺脫它，你無法看清事物，你無法清晰地思考。

溫蒂：罹患癌症的患者可以施打更多的嗎啡來擺脫痛苦，但我們卻無法擺脫失智症的症狀。

蓋兒：在那些日子裡，你會想盡一切辦法讓自己走出來，比如去散步或拍照，希望能驅散迷霧。你感到頭疼——但它不像頭痛，我不知道那到底是什麼。但它就在那裡，讓你無法思考，找不到適當的詞語。很煩人。

溫蒂：就算吃兩片消炎止痛藥也不見好轉。當我說我頭痛時，我的女兒們花了好長時間才明白：「你吃了止痛藥嗎？」沒有，因為那種疼痛不是吃藥就會好的。

喬治：你幾乎很難用文字表達這種痛苦。失智症降低了你處理和理解感官傳達的訊息的能力，因此感官超載很快就會讓你感到非常不舒服，對我來說，疼痛和疲勞的超載有時會讓我喘不過氣來，如果這種情況剛好出現在我疲憊不堪、一頭霧水的時候，該怎麼辦？你什麼也做不了，但麻煩的是自我了結生命的想法會在此時出現。在這樣的日子裡，你可能會想：「媽的，我受夠了。」對於這樣的日子，我們已經習慣了，但它們通常不會連著出現好幾天，但只要它們持續個幾天，你就真的會開始歷經情緒低潮，你會審視自己的靈魂，幾乎想要問：「**這到底有什麼意義？**」而當我們、我們出了問題的大腦無法想到明天一切會好轉時，會發生什麼事？

溫蒂：我完全同意。在我看來，就是這樣。當你身處迷霧之中，這一刻的我可以想著「希望明天會更好」，但當我沒有能力去想明天會更好的時候，對我來說，這就是我越過臨界點的時候。

喬治：沒錯，你必須要能憶起那些美好的日子，才能意識到它們有可能再次出現。

溫蒂：對我來說，我們此刻所擁有的是「直覺的感知」。失智症會讓我覺得失去直覺的感知，因為我已經越過了臨界點，進入永遠無法分析腦子裡究竟發生了什麼的狀態。

蓋兒：我們真的有辦法知道自己是否越過了臨界點嗎？

溫蒂：這是個很難回答的問題。

這是我們很少向他人展示的一面，即使是那些與我們親近的人也不例外——或許**尤其**是那些與我們親近的人——這就是為什麼任何病症或疾病的支持小組會如此重要，因為它們允許我們談論這些內心深處的感受。如果我們能夠談論它們，我們就不會被壓垮，於是它們就無法再控制我們。

與多發性硬化症患者的對話

有時，當人們談到想要結束自己的生命時，只是他們感到無助的一種表現，以語言表達他們感到的絕望。我們都會時不時有這種感覺。重要的是能夠談論它，也許是在這條路上徘徊遲疑，也許是牽著別人的手一起面對，然後回來，選擇在明天繼續活下去。談論和計畫臨終關懷，並不等於有自殺的念頭。大多數情況下，談論死亡其實是選擇擁抱生命，直到你覺得無法再做出這種選擇。但什麼時候停止選擇擁抱生命？這是一個非常有意思的討論。

安娜把我介紹給了她最好的朋友珍。珍是英國人，在美國生活了二十多年。在生下女兒艾蜜麗（現年二十二歲）後，珍被診斷出患有多發性硬化症。後來，她又生下了兒子伊里亞德，現年二十歲。兩年前，她的診斷結果為次發—漸進型多發性硬化症（這種多發性硬化症的病情只會持續惡化，沒有緩解期）。去年，珍安裝了巴氯芬泵，可以直接將藥物輸送到她的脊髓腔中，以減輕她腿部的痙攣，卻也同時導致她半身不遂，現在珍需要仰賴輪椅行動。此外，她還患有大小便失禁、神經病變（一種四肢神經受損時的痛苦症狀）以及多發性硬化症帶給患者的極度疲勞。珍與她的伴侶塔維斯住在明尼蘇達州，塔維斯在照顧她的同時還要從事自己的全職工作。

對安娜來說，珍是一個非常特別的人。從談話中，我知道安娜對摯友面對自己的持續惡化疾病的態度感到非常驚訝，並為她感到驕傲。

掌管我們如何生活或死亡的法律，通常是由那些身心健全的人所制定。然而，我們仍可以在這些法律規定的範圍內取得掌控權，制定預立醫療自主計畫無疑讓我覺得更有力量，更加握有掌控權，但對我來說，這之間仍然存在灰色地帶，我擔心在發生緊急情況時，醫護人員可能會不顧我的意願，因為他們需要迅速採取行動，以免在履行職責的過程中，因為不遵守規定而被究責。我也明白，對他們而言，不幫助病患似乎有違醫護人員的價值觀，但對我們之中的某些人來說，這正是我們所等待的「免受罪金牌」，等著從鑽進我們身體，改變我們生活的疾病中解脫出來的機會。

也許只有像珍這種生活在這樣環境中的患者，才能真正理解這種感受。

珍同意和我談談何時選擇結束生命的難題，特別是個人選擇的重要性。

我開始和她討論這樣一個事實：政府和醫療專業人士終其一生都在提醒我們要對自己的健康負責，但當我們的生命進入最後階段時，他們卻不讓我們掌控自己的死亡方式，剝奪我們的責任。珍對此表示贊同。

「醫學領域取得的一切醫療進步都是為了盡可能延長生命，但並不是每個人都希望如此。我們的社會如此關注生存，如果你說：『不，不用了，謝謝。』你彷彿成了一個叛徒。」

科學與醫學的進步使人們的壽命因此得以延長。我認識的一位女性癌症患者覺得自己有義務活下去，因為醫護人員總是忙著讓她活著。我的另一位朋友住進重症病房時，她的家人從未被詢問過是否想停止治療，所以患者家屬理所當然認為：「那麼，請一定要救活她。」但這位患者的生命品質很差，她已經足不出戶，她唯一去的地方就是在醫院洗腎，這不是她想要的生活，而是醫生為她做出的決定迫使她過著這樣的生活。我不希望這樣的事情發生在我身上。

珍贊同我的說法。「我很清楚這一點。我曾開玩笑說要在身上紋身『請勿施行心肺復甦術』。在美國，我們有『請勿施行心肺復甦術』表格可以填寫，我想英國也是一樣，但我擔心的是，如果我出了車禍或遭遇其他意外，他們會在對我採取任何形式的心肺復甦術之前先查看我的檔案嗎？因為如果我坐在副駕駛座上，他們無法判斷我出了什麼問題，我看起來就和其他人一樣。我不希望他們搞錯，因為我已經說得很清楚了，像我現在這種活法，我已越過了不想活下去的臨界點。我已經花了很多時間思考和推敲這個問題，思考『我還能繼續這樣下去多久？』，所以我很清楚，如果我出了意外，我並不希望他們把我從鬼門關帶回來，如果他們把我帶回來，我會非常生氣。」

我喜歡珍這個紋身的想法。我們甚至開玩笑說要在背上另外刺上「請翻身」。不過我確實想過要紋上「請勿施行心肺復甦術，否則後果自負！」只是，要找到一個紋身師願意為我「紋上」這些字樣似乎不太可能，這讓我真的不太高興。

珍和我的情況完全相反：她有一個運作正常的大腦，但由於多發性硬化症，她的身體不聽她的使喚；而我有一個（看似）還算功能齊全的身體，但我的大腦卻不聽我的使喚，我不知道哪個更糟糕。實際上，沒有哪個更糟糕的問題，而且不該相提並論，但當我想到值得我活下去的理由——我必須堅持的個人底線——它們往往與身體有關：散步、拍照、打字，當然，還有我的兩個女兒。但對於珍來說，她現在的情況是無法行走，所以我們考量的點並不相同。

珍告訴我：「自從二〇二一年我開始仰賴輪椅以來，我發現自己變得非常沮喪，有時一連幾天躺在床上，只因我不想繼續下去。然後情況發生了變化。在接受物理治療師的幫助之後，現在我可以自己上下床。我不斷練習並適應，現在我可以自己上廁所，所以我們要學著去適應，對吧？我在想我最害怕的事情是什麼。這很難大聲說出來，因為我知道有些多發性硬化症患者就是這樣生活著，所以說出我自己的底線會讓我很緊張。但就我個人而言，我最害怕的事情是失去雙臂和雙手，因為那是我用來移動自己的方式，我還需要導尿管，我必須要能自行導尿。」

作為人類，我們可以學著去適應任何事情，但如果珍失去雙臂，她需要評估自己的生活品質。我首先想到的是，如果失去雙臂，她將無法擁抱自己的孩子，但這是因為我不必每天考慮移動自己的實際問題。生活品質的問題總是因人而異，它總是回到選擇的問題上。

珍說：「適應這件事真的很有趣，因為你得不斷學著適應，對嗎？就像你在iPad上設置鬧鈴一樣，但我的問題是：『我們什麼時候會覺得自己已經適應夠多了？』我希望能抵達一個點，可以和我愛的人坐下來，對他們說：『好了，夥伴們，我已經受夠了適應，我知道我可以再繼續試著適應，但我不想再這樣下去，所以你們能不能祝福我，接受我的努力到此為止？』」

珍說得太好了。一切取決於她想要努力到什麼程度——我也一樣，或者正在讀這本書的你也是這樣，因為我們必須生活在自己的身體與心靈裡頭。有些人確實適應得很好，他們過得很幸福，無論生活有多艱辛。他們願意接受這樣的生活，他們願意不斷適應，只為了能夠呼吸空氣，見證生命，我尊重他們的想法。但和珍一樣，我知道我最終也會達到自己的極限：我願意努力到什麼地步？每天適應生活中的一切會如何令我感到筋疲力竭？在活著的日子的質與量之間該如何拿捏？為什麼社會不讓我們有權選擇活著的品質？我們唯一無法選擇的是我們出生的時間，但其他一切都應交由個人選擇，包括死亡。在我們受夠了的時候，尤其是在我們已經用盡了所有的支援的時候，人們為何還是覺得讓我們自己去做選擇不妥，或是不合法？事實上，正是由於在生命的最後階段缺乏選擇，現行法律強加給我們的限制，使許多人比他們希望的更早或更孤獨地結束了自己的生命。

法律現況

也許現在是一個很好的時機，讓我們靜下心來看看各國在協助死亡方面的情況。英格蘭和威爾斯目前尚無相關立法。自殺是合法而不會被處罰的，但根據一九六一年的《自殺法》（Suicide Act），目前幫助他人自殺屬於刑事犯罪。這種行為最高可判處十四年監禁。二〇二一年，YouGov一項民意調查發現，[1] 雖然百分之七十三的英國人認為應當合法化臨終病人的協助死亡（儘管這幫不了我），然而，只有百分之三十五的國會議員表示同意。這個問題不是現任國會議員會優先考慮的問題，這意味著法律在短期內發生改變的可能性很小，當然，這意味在我有生之年不會有任何改變。

梅切爾女爵（Meacher）提出的《協助死亡法案》（Assisted Dying Bill）允許絕症患者在徵求兩名醫生和高等法院同意的情況下服用處方藥，結束生命，該法案於二〇二一年在上議院無異議通過二讀。根據該法案，這將適用於有能力做出決定且「合理預計將於六個月內死亡」的臨終病人。見證聲明需要取得兩名醫生的批准和會簽。這些醫生需要檢查病人及其醫療紀錄，以確認患者已不可治癒，而且他們的決定是在自願和知情的基礎上做出，沒有受到脅迫或強迫。在我看來，所有這些聽起來都很合理，但反對者認為，醫生有時會做出錯誤的預後判斷。他們提出的問題是：醫生如何能確定一個人的生命只剩不到六個月？他們如何確定某人不是在脅迫下行事？他們還斷言，這可能會讓那些意圖從過早死亡中牟利的家庭成員有可乘之機（儘管合理地假設，這些人無論如何都會在幾週或幾個月內死亡），總之，該法案在當年國會會期結束前未能取得進展，因此無從成為法律。儘管衛生與社會關懷特別委員會（Health and Social Care Select Committee）在二〇二二年首次在下議院啟動對協助死亡的調查，預計調查結果將於二〇二三年公布，但英國國會尚未依此提出任何後續法案。

二〇二二年六月，「臨終尊嚴」組織的薩拉・伍頓（Sarah Wootton）提出的請願書獲得超過十萬人簽署，並因此在下議院的西敏寺大廳舉行了一場議員辯論，這是兩年多來下議院首次就協助死亡問題進行辯論。

不過，蘇格蘭也許能夠在未來幾年內在這個議題上取得進展。二〇二一年，蘇格蘭就協助死亡問題進行的公眾調查獲得空前的回應，總計近一萬五千人參與，其中四分之三的受訪者支持該法案的提案，讓那些生命不到六個月的人有機會按照自己的選擇結束生命。該法案的最終提案現已提交蘇格蘭議會。二〇二二年，凱斯下議院（House of Keys）議員們以壓倒性的票數同意在曼島推行協助死亡立法。澤西島議會也投票贊成支持修法的提案，目前正在起草法案，可能會在二〇二四年或二〇二五年實施。

英國醫學協會（British Medical Association）在二〇二一年的年度代表會議上正式撤回原本反對修改有關協助死亡的法律的立場，轉而在這一問題上保持中立。同樣地，英國皇家醫學院、英國皇家醫學會（Royal Society of Medicine）、英國皇家護理學院（Royal College of Nursing）、英國皇家精神病學院（Royal College of Psychiatrists）和英國皇家藥學會（Royal Pharmaceutical Society）目前也都持中立立場。

自二〇一六年起，加拿大的醫助死亡已經合法化。而在哥倫比亞以及美國的十一個司法管轄區，協助死亡是心智上有能力做出決定的成年絕症患者在生命最後幾個月的一種選擇：首先是一九九七年的俄勒岡州，此後是華盛頓州、佛蒙特州、蒙大拿州、哥倫比亞特區、加州、科羅拉多州、夏威夷州、新澤西州、緬因州和新墨西哥州。在二〇二一年舉行全民公投後，紐西蘭合法化了身患絕症公民的協助死亡，澳大利亞各州也通過了相關立法。

在歐洲，西班牙於二〇二一年通過了允許協助死亡的法律。二〇二二年，身患絕症或患有永久性衰弱病症的奧地利公民可以合法接受協助死亡。瑞士、比利時和盧森堡也都制定了臨終權利法案。

在荷蘭，安樂死和協助自殺從二〇〇二年起合法化，適用於那些正在經歷「難以忍受痛苦，且毫無改善前景」的患者，人們可以預先表明接受安樂死的意願，即使在喪失行為能力後，所以失智症患者亦可適用。二〇一六年，荷蘭一名醫生因替一位阿茲海默病患者注射致命藥物而被送上法庭，使得這條法律受到考驗。早在這位患者仍有行為能力之時，她在進入療養院前便已預立接受安樂死的決定，並補充說，她希望「在我仍然清醒，且認為時機成熟時」預立決定。她的醫生和另外兩名醫生決定按照她先前的書面意願行事，當結束她生命的那一天到來時，醫生在她的咖啡裡加入鎮靜劑，使她失去知覺，但她之後卻清醒過來。在醫生替她注射致命藥物時，她的女兒和丈夫不得不按住她。檢察官認為，這名婦女對自己先前預立的決定表現出抵抗的舉動，但她的女兒卻認為「醫生將我的母親從她最終陷入的心靈牢籠中解救出來」。二〇二〇年，最高法院站在支持醫生的場，認為醫生的行為符合病人的意願。2

該名患者在喪失行為能力之前做出的預立醫療自主計畫意味著她有了一個安全網。這也意味著，在她仍有行為能力的時候，她可以定期查看她的生前預立醫療自主計畫，並在必要時對其進行修改。最重要的是，她可以在「一旦時機成熟，會有人幫助她按照自己的意願離世」的確信下繼續活著。

經常接連幾天，甚至好幾週，光線都無法穿透降臨在我身上的霧霾。在那些日子裡，沒有陽光前來驅散烏雲。在那些時刻，我無法理解周圍的一切。我彷彿置身於一片漆黑的虛空之中，無所依憑，如臨深淵。這樣的時光可能持續幾分鐘、幾小時或幾天。最近最長的一次持續了一個星期，唯一讓我堅持下來的是，想到明天可能會好一些。我安慰自己，如果我還能夠抱持這個希望，如果我還能理性地認為明天可能會更好，那麼我還沒有走到那一步，我還沒有走到臨界點。但臨界點在哪裡？它還在我前方迷霧中的某個地方嗎？是在我邁出下一步之後，還是在下十步之後？我無從知曉，但一旦我越過了這個臨界點，我將被判定為失能。我將無法再為自己做決定，我的委託書將生效，我的女兒們將替我發言。我現在亟需表達自己的意願，但沒有任何法律支持我在失智症完全奪走我之前預立結束自己生命的決定。

在英國，距離讓生命不到六個月的絕症患者合法接受協助死亡還有很長一段路要走，因此政府應該不太可能會實施類似荷蘭的模式。荷蘭的模式可以讓我評估在我生命的最後六個月要如何度過，它讓我可以掌控是否感到那些令我迷茫的日子越來越頻繁，讓我在感到下一步就要走向臨界點時感到如釋重負，最重要的是——這一點人們都忘了——它可以讓我在還有能力的時候專注於生活。

與緩和照護醫生的對話

然而，假若明天就會修法，我可以選擇**如何**離世，**何時**死亡，我要如何知道時機已經成熟？

我們在上一節中談到，法律中已經有諸多規定，允許我們擁有比我原本以為更多的控制權。但是，這得等我越過了臨界點之後，這些規定才能適用。而我仍堅定地認為，我不想越過那個臨界點。對我來說，如果我失去了拍照的能力，我可以不用相機，因為我還是可以在iPad上瀏覽照片，所以剩下的三件最重要的事情分別是：（一）如果我認不得女兒們，這會是第一件、也是最糟糕的事。（二）如果我無法再打字了，因為打字寫作是我暫離失智症的方法。（三）如果我無法再走路，這樣會使得最後能讓我感到幸福的事也消失了。儘管這些事情很可能會在病程後期才發生，我的身體會在大腦衰竭之後才無法運作，但只怕那時再做任何決定為時已晚。這就是我的難題。我的一些朋友會說，他們打算住進療養院，他們不曾想過跨過臨界點之後的事情，因為無論那時會發生什麼，他們都會是開心的人，但對我而言，我不想成為那樣的人，依賴療養院的照護。很有可能，在療養院裡的我也會很開心，但我就是不想成為那樣的人。這就是我的困境。我想和凱薩琳・曼尼克斯談談這個問題。

「這是一個很深的哲學問題，」凱薩琳說：「因為你說得完全正確。因為或許會有一個溫蒂，她再也不能爬山，但她可以坐在那裡看著人們騎自行車越過斯特林邊山頂的影片，她喜歡並著迷於觀看這些影片，她知道自己喜歡待在山上，但完全記不得自己為什麼會喜歡這些東西。你能以今天這個溫蒂的身分做決定，也就是以今天的你做決定，阻止那個未來的溫蒂經歷這樣的事，她會因為你拒絕插管灌食等原因而提前死亡。但這樣一來不免陷入一個哲學困境：『萬一那個溫蒂只要能看著她的影片和照片，或只要能走幾步路，就會感到很開心？』我們不是時間旅人，所以無法得知此事，這就是兩難的地方，不是嗎？」

我很清楚，我不想成為那樣的人，所以現在我很自信地認為，雖然我可能很快樂，或者我可能**看起來**很快樂，但我不想成為那樣的人。凱薩琳應該明白我的意思。

「我完全明白你的意思，溫蒂，在你說這話的時候，我立刻想到我可愛的公公，他去世了，看到他在養老院裡的樣子，他不再是那個喜歡戶外活動的人，不再是那個喜歡賞鳥的人，不再是那個為他的孫子們做弓箭的人，這讓我非常難過，然而他卻津津有味地喝著每一杯即溶咖啡，儘管他曾是個咖啡鑒賞家。他喜歡和養老院的人聊一些瑣事，在他智力健全的時候，他對這些事情是完全沒興趣的。的確，他總是對於自己為什麼不能和我們一起回家感到有些困惑。他並不是不快樂，但同樣地，他不再是他。」

珍和我談話時，她對我說了一句話：「總有一天，我們會覺得自己已經努力適應得夠多了。」到那時，我不會向失智症揮舞白旗，我會說：「我受夠了你和你的遊戲，我再也不想讓你有獲勝的可能。」

而這讓我想起凱薩琳說的關於她公公的最後一句話：「他並不是不快樂，但同樣地，他不再是他。」凱薩琳提到他能夠享受那些令她訝異的事情。她沒有提到的，是他的存在的其他方面。他能自己穿衣服嗎？他能夠照顧自己的個人需求嗎？還是依賴他人的照顧？對我來說，這種依賴是我最不希望見到的。我這個溫蒂是個獨立的溫蒂，就算患有失智症，她仍然獨立生活，她有女兒們、社區的陪伴，甚至還有亞馬遜的聲音助理Alexa，她努力地過著獨立的生活。對我來說，每天會把幾條同樣顏色的褲子一起穿在身上又有什麼關係？至少這意味著我很熟悉穿上它們的日常作息。我有不同顏色的同款上衣，但這又有何妨？只要我每天都知道穿好衣服不就行了？在我的人生之中，我根本就沒有考慮過要依賴他人過活，更不用說還要跟這個照顧我生活起居的人熟稔，難道我沒有權利決定這一點？我必須再次強調，我並不害怕失智症，甚至也不害怕死亡本身，我想說的是，對我個人而言，死亡是一個更好的選擇，而不是成為一個必須完全依賴他人的人，變成一個與現在的自己完全不同的人。

與倡議協助死亡者的對話

二〇二二年，英國國會最後一次就協助死亡問題進行辯論時，保羅．布洛姆菲爾德（Paul Blomfield）在西敏寺大廳發表了一場感人的演說，令聽眾為之動容。保羅是雪非耳中央區的工黨議員，他透過分享自己令人心碎的親身經歷，試圖說服國會同事支持協助死亡法案。二〇一一年，保羅高齡八十七歲的父親獨自一人在家中的車庫去世。他被診斷出肺癌晚期，為了避免與病魔抗爭至最後的幾週和幾個月，他選擇提前結束自己的生命。他沒有將自己的計畫告訴家人或伴侶，因為他擔心他們會成為他做出這項決定的共謀。[3]保羅的父親在臨終前的孤軍奮戰讓他極為不捨，即使是多年以後，他仍無法釋懷。

我們見面時，保羅告訴我們：「即使是私底下談論這件事，對我來說還是很難受，我想你們可以從我在國會討論中的發言看得出來。」在西敏寺大廳的辯論中，回憶起父親的往事，他幾乎無法控制自己的情緒，這點不難理解，但他還是同意和我見面，告訴我更多他的想法。

「如果把時間拉回到我父親生病之前，他的一生其實過得很圓滿充實。八十七歲時，他目睹很多朋友相繼離世，而且經常看到他們在痛苦的情況下死去，他無法理解他的朋友或他自己為何得要經歷這樣的過程。因此，在他不得不面對這個問題之前，他已經想透了所有關於臨終選擇的問題，他很清楚，我們應該擁有死亡的權利，很顯然，當這樣的時機到來時，他行使了這項權利，但正如我近來在國會所說的那樣，這仍讓我震驚，因為儘管他收到癌症末期的診斷，他仍享有生命的品質。」

從保羅這一席話中，我可以看出他的父親有著與我相似的感受：他不該被迫過早做出這樣的決定，如果英國的法律能夠比較有彈性一點，他就不必非得這麼做不可了。

聽到保羅在國會上分享他父親的故事，我覺得他鼓足了很大的勇氣，但正如他所說，無論談論什麼主題，將生命中的真實經歷帶到國會是很重要的一件事。

「我父親去世的悲劇並不在於死亡本身，畢竟他活到了八十多歲的高齡。悲劇之處在於他是**被迫這樣做**，做出一個我稱之為孤獨的決定，孤獨地死去。我認為這場辯論的焦點往往集中在人們對修法的恐懼上，但我想要強調的是，我們應該認識到現行法律對人們的影響。我絕對相信，如果法律有所不同，我的父親會活得更久，這與反對協助死亡者提出的論點矛盾：修法會鼓勵人們提前結束生命。**現行的**法律才是鼓勵人們提前結束生命的原因，人們會在認為自己還有能力的時候，採取行動，因為他們害怕失去掌控權。反對者提出的另一個論點是，如果我們擁有一套健全的臨終關懷系統，情況將有所改善。很顯然，我們是該建立這樣的系統，這是絕對正確的，但我們的臨終關懷系統不夠完善。我父親與癌症護理師討論了他的最後幾週會是怎樣的情形，之後不久便決定結束自己的生命，我認為那場討論讓我父親的決定更加堅決，而擔憂失去掌控權，是他如此決定的原因。」

對我來說，保羅一針見血地指出，這不是修法的問題，而是現行法律的作法：它是在**延長**死亡，而不是生命。公眾總是不願意做出修法的重大決定，但卻有像保羅的父親或我這樣處於這種狀態的人，因為政府**不會**主動做出這些重大決定。這就是悲劇所在。有著跟保羅的父親或我一樣感覺的人非常之多，而以失智症的例子來說，我們並不是說，每個處於失智症晚期的人都該接受協助死亡，這是不對的，但我們目前沒有選擇權，去選擇我們是否要接受失智症晚期患者的存在狀況，而我相信我們都應該有權去做選擇。保羅贊同我的觀點。

「我認為這正是爭論的核心所在，」他說：「這是關於人們**選擇**自己的生活品質，以及選擇他們何時會覺得自己的生活缺乏品質的問題。我仔細聆聽雙方的論點，在國會中提出反對論點的一些人是我的朋友，儘管我在其他許多議題上與他們意見一致，但我認為這其中存在著虛偽的態度。很多人都拿出擋箭牌，要麼是主張『緩和照護可以做得更好』，不然就是強調『這會給人們帶來過早結束生命的壓力』，在大多數反對協助死亡的論點背後，其實都是他們對於『生命絕對神聖』的個人信念，我對他們所持觀點的看法是：『如果你的觀點是這樣，就按照它來過你自己的生活，但不要強迫別人也這麼做。』」

不過，保羅還是告訴了我一些正面的消息：他覺得人們的想法正在緩慢而穩定地改變。他告訴我，在最近的西敏寺大廳辯論中，有兩三個同事說：「我以前反對修法，但現在我傾向支持。」

「我認為國會中的平衡正在發生變化，」保羅說：「我不確定我們是否已經做到了這一點，但醫界和其他司法管轄區的觀點正在慢慢轉變。我們看到其他國家正在就協助死亡立法，所以對我來說，英格蘭和威爾斯的修法只是時間問題。但我擔心的是，在我們修法之前，還有多少人要像我父親那樣痛苦地死去。」

我們的談話再度回到了這個論點：死亡是必然，但人們卻不重視善終。只有設身處地站在像我們這種人的立場，才能看到其中再簡單不過的事實。我不是說人們需要接受我的觀點，我是說我應該有權可以選擇我想要的觀點，而他們也有權可以選擇他們自己想要的觀點，而如果他們覺得修法對他們無益，那就不要管它，讓覺得有益的人有法律可以去使用。

在保羅父親的故事裡，充滿著讓人心碎的細節，例如他的父親在結束生命之前是如何安排自己的後事，留下大筆現金用來支付帳單等。我可以看出，保羅有多麼不捨，自己的父親竟要獨自一人去做這些事，沒有人能與他分擔這些重擔，他無法在家人的支持下走完自己的餘生。

我覺得失智症患者也是如此，我需要在我還有能力的時候選擇死亡。同樣地，對於那些身體患有殘疾或病痛的人來說：他們必須在身體還能夠行動的時候選擇離開，或像美國有些州的作法，服用安樂死藥物致死，或者是在他們身上的導管注射致死藥物，此外還有一些過於絕望或危險的方式，在此我不想多談。

對於生命在變得難以承受時先行離開的需求，荷蘭有一句短語，叫做「午夜之前的五分鐘」。我知道這句話時，本想用它作為本書的書名。對我來說，它讓我想到了灰姑娘，即你需要趕在其他人之前離開派對。其他人遲早都會離開，你只是需要提早離開，以避免面臨真正的痛苦。

躲在「我們需要建立一個更好的緩和照護系統，而不是賦予人們死亡的權利」這個論點的背後是不夠的。我曾寫過一篇文章，當中提到我們必須而且應該把重點放在緩和照護上，原因有很多，其中最重要的一點是，我們在一份報告中看到，需要緩和照護的人數在未來將急劇上升，原因很簡單，因為現代醫學讓更多各自有其複雜照護需求的人們活了下來。但自英國醫療服務體系建立以來，緩和照護從未成為其關注的重點。它成了慈善機構的職責，而我們需要放棄這樣的想法：只要我們不去處理協助死亡的需求，我們就會活在一個緩和照護體系完美無缺的烏托邦。

正如保羅所說：「我們必須認識到，即使是最好的緩和照護，也並不意味著每個人都能像好萊塢電影中那樣，在沒有痛苦和不安的情況下安詳地離開人世。我認識許多接受緩和照護的人，他們都在痛苦中死去，而這些機構的工作人員已經盡了最大的努力，只是有些疾病非常殘酷，就連緩和照護都無法提供理想的結局，但那些認為臨終關懷是另一種選擇的人卻沒有看清這一點。」

與反對協助死亡者的對話

在與其他參與此議題的人的交談過程中，我注意到緩和照護人員是最抗拒協助死亡合法化的，這點很奇怪，因為他們比我們其他人更經常近距離地目睹死亡和痛苦。英國醫學協會於二〇二〇年的一項調查發現，儘管百分之四十的醫生支持修法，允許醫生協助病人死亡，但百分之七十的緩和照護醫生表示反對，僅有百分之七表示支持。[4]我不禁納悶，我們這個日發好訟的世界，是否是緩和照護醫生持反對態度的原因之一：他們得扛起責任，還可能吃上官司，就像荷蘭的那位醫生。

安娜和我會見了蘭達夫的伊蘿拉．芬萊（Ilora Finlay）女爵，她是一位緩和照護教授，也是上議院議員。她堅決反對協助死亡，我們很想聽聽她的理由，尤其是她的整個職業生涯都在這個領域工作。芬萊女爵和許多反對者一樣，認為緩和照護可以而且應該為臨終者提供安慰。

在和芬萊女爵談話的一開始，我就告訴她，我們相信緩和照護可以提供適當的照護，使人們不會覺得臨終的生命無法忍受，也理解她的擔憂，就是如果讓協助死亡合法化，照護就會無法得到該有的重視，但我也想告訴她：首先，我認為我們必須認清目前醫療所能提供的照護；其次，有些人真的不想再繼續為了滿足自己的需求而無止盡地強迫自己去努力適應了，難道他們不該有這要的選擇嗎？

芬萊女爵回答說，她承認人們沒有取得他們所需的照護，但接下來她提到的重點，不是那些患有持續惡化或慢性疾病的人，而是國民保健署那些超時工作的醫護人員。

她告訴我：「一線工作人員已經筋疲力盡，如果你看看那些照顧垂死病人的醫生，他們不希望替病患注射致死藥物，他們不希望自己的職責是去判斷誰符合協助死亡的條件，誰不符合。」

我再次強調了我的觀點，我說我們當然需要改變社會，我們當然需要為國民醫療服務體系提供更多的資金，但與此同時，有些人寧願選擇死亡，也不願去適應我們目前糟糕的制度和並不完善的照護服務，我便是個例子。但芬萊女爵還是把重點放回體系目前的問題。我覺得她並沒有把我的話聽進去。

「請讓我專注在目前的制度上來討論。」她說：「別忘了，國家醫療服務體系是建立在社區照顧自己的原則上，我認為我們不是在要求醫療體系為此改變，而是在要求它重新找回自己的基本價值。你談到了適應。我們每個人在生命中都會經歷生活的各種事件，我們必須學著去適應。例如，失去孩子的母親感到無比悲痛，我曾遇到最令人感到悲痛絕望的事是孩子遭到謀殺，父母因此無法原諒自己讓孩子陷入被謀殺的境地，他們不得不永遠生活在這種悲痛之中。我想這一定是無法適應的。我們都知道，尤其是年輕女性，也包括一些年輕男性，當感情破裂時，他們會感到很深的絕望。我們也知道一些年輕人患有嚴重的憂鬱症，對他們來說，他們看不到未來，但後來，隨著他們的努力適應，他們展開了自己的人生……」

在我看來，芬萊女爵對什麼是可以忍受的，什麼是難以忍受的，有著非常明確的看法。但她似乎無法理解，對於我這樣的人來說，適應可能會變得難以忍受，就像她提及那些失去孩子的父母，恐怕永遠無法適應失去孩子的痛苦。她把我要求考慮協助死亡的請求當成「應要求而死」。但這未免把複雜的論述過於簡化。我向她重申，我之所以會有這樣的願望，並不是為了在我絕望的時候行使，而是我不想在失智症晚期仍繼續活著。

芬萊女爵問我最害怕什麼。

「我什麼都不怕。」我告訴她：「我現在的這個溫蒂認為，我不想冒險變成一個我未來可能會成為的溫蒂——不認識我的女兒們，不能走路，不能到鄉間，不能做對我來說很重要的事。」

「你希望在什麼時候被注射致死藥物，誰來為你做決定？」芬萊女爵問我。

「以目前的情況來看，做出決定的人會是我，在我跨過臨界點之前。」

「你怎麼知道自己什麼時候會越過臨界點？」

「你不會知道，這就是問題所在。你必須提早選擇死亡，因為你需要趁自己還有能力時做出決定。」

芬萊女爵似乎比較關心如何保護醫護人員，使他們不必為結束某人的生命做出決定，她認為醫生協助死亡的制度會使「資源從提供照護，轉移到評估現在是否要為某人結束性命」。

我們向她提出質疑，因為醫生每天都得在生死之間做出決定。她再次反駁說，醫生會仔細評估癌症的治療方式，判斷哪些對患者有好處和風險。但在我看來，「好處」一詞聽起來非常主觀。也許某個醫生認為有好處，另一個醫生的說法卻會大相徑庭。因此，當我向她提出醫生每天都在做出這些生死攸關的決定時，我相信我是對的。

「不，不盡然，因為如果你知道疾病的病程發展階段、組織學、各類疾病種類，而且你知道有什麼療法可用的話……例如，四十年前，罹患白血病的兒童死亡率高達百分之八十五，而現在存活率則有百分之八十五。治療確實很困難，有時甚至像是對患者的懲罰……」

但我需要再次提醒她，我們談論的是罹患持續惡化疾病末期的病患，她卻仍然在提兒童罹患白血病曾經是一種不治之症。

這次談話讓我非常沮喪，安娜出面試圖向芬萊女爵解釋，我今天因為症狀的關係表現不佳。

「我知道現在的醫療水準已有相當的進展，」安娜對她說：「但我們現在討論的情況是，一個人的生命只剩下不到六個月的時間，或者患者罹患的是一種不可治癒的持續惡化疾病。也就是不治之症，那麼情況只會變得更糟，他們的生活只會變得更加難以忍受或更加痛苦。」

但是，芬萊女爵還是在擔心誰來為像我這樣可能已經喪失決定能力的人做決定。

「那麼，誰來決定哪一天該替她注射致死藥物？為什麼要把這件事作為她預立醫療規劃的一部分，而不是把它抽出來，進行獨立的評估？」

我們向芬萊女爵指出，她顯然更重視對醫護人員的保護，接著詢問她會怎樣保護身患絕症的病人，這些人已無法忍受疾病帶給他們的症狀與不適。

芬萊女爵否認她是在保護醫護人員，但她確實引述了加拿大一些醫生的話，他們因為不想替病患注射致死藥物而離職。她還談到了施行醫助死亡對醫生造成的情感和心理傷害。雖然芬萊女爵強調要傾聽病人的意見，但她顯然沒有把我的話聽進去。我問她，如果不讓醫界做出這些決定，那麼還有其他的替代方案嗎？

「我們曾將罪犯押上絞刑台。」芬萊女爵說：「為什麼我們要廢除絞刑？這是為了要避免無辜者被處以絞刑，從而犯下致命的錯誤。關鍵在於我們必須評估其中的風險。究竟是哪一邊的風險比較大？我希望我們支持人們活下去，而不是在不需要結束生命的時候冒著結束生命的風險。我見過太多這樣的人，他們收到錯誤的診斷，所有可以挽救難以挽回局面的事都還沒有嘗試過，他們沒有得到所有可能的治療，或是在治療上遭遇不可接受的延誤，我認為這種風險太大了。這是一種風險的平衡。此外，我認為這會讓結束生命變得具有吸引力，甚至變成一種習慣。我一直記得一位荷蘭醫生說過，第一次醫助死亡真的很難，第二次比較容易，第三次就小菜一碟了。我覺得這種說法令人擔憂——取走他人的性命，絕不應該是一件如此輕描淡寫的事。」

安娜提醒芬萊女爵，她曾提到傾聽病人心聲的重要性，並因此請求她仔細聆聽我的心聲。

「我覺得失智症患者的照護系統就像郵遞區號抽籤一樣，你永遠不知道會得到什麼樣的照護。」我再次嘗試對她說：「但不管怎樣，即使這是我能得到的最好照護，我還是不想成為那個會失去現在我所珍視的事物的人，不管我們的照護系統是否奇蹟般地有了變革。」

芬萊女爵要我回想二十歲時的自己。

「你現在看重的東西和你年輕時看重的東西一樣嗎？」

「不會，當然不一樣。」我說。

「所以你已做出了適應並有所改變。」她說。

「是的，但是以我的情況來說，到時候的那些適應並不是為了現在的這個我，而是其他人加諸在我身上的，因為我已不再有能力為自己做出這些決定。」

「你站在自己的立場為自己發聲。我絕不是對你或你的想法妄加評論。但從我的立場來說，我的重點在於修法是否安全，或者說，相較於我們不去更改現行的法律，如果修法，是否會使得更多人的生命因此受到威脅？我們英國有六千萬人口，其中會有成百上千的人和你的想法一樣，倘若一旦修法，會有成百上千人的性命受到威脅。」

但芬萊女爵似乎無法理解，那些不想選擇協助死亡的人，本來就不需要這樣做，那麼，何苦剝奪其他人選擇結束痛苦的機會？她關注的是最壞的情況，即會發生在那些可能被迫結束生命的人身上的事，例如生活貧困或無法為自己發聲的人。

女爵對我說：「我不能忽視這樣一個事實，即每六位老人中就有一位受到虐待，而且是在他們自己的家中，沒有被醫療系統發現。我曾接觸過許多病人，他們說想要安樂死，他們想去瑞士的『尊嚴』診所（Dignitas）做這件事，但後來他們說：『我很慶幸你們沒能給我致命的藥物。』」

但事實是我根本不會有那個「後來」，屆時我將無法說出那番話，我將無法表達那樣的意見，而我的沉默將會被他人以他們選擇的方式解讀。我同意芬萊女爵對那些沒有能力自行發聲的人的擔憂，但我想請她聽聽我們這些現在就想做出選擇的人的說法。她所擔心的那些人可以留在醫療體系中接受照顧，因為法律就是如此規定。我一直主張，失智症患者和其他人一樣重要，我想說的是，我想自己做出選擇，其他人也想在他們有能力的時候做出自行決定的選擇。

「我認為，我是從修法，還有從民眾與最弱勢群體的安危，以及從修法會如何受到濫用的角度來看待這個問題。你是從你今天這個溫蒂的角度，我則是從下個月、後一個月，甚至是一年之後的溫蒂可能會是怎樣來看待這個問題。你看到的是一個沒有希望的未來，而我想為人們創造一個仍然可以找到希望的未來，即使這很困難，即使我們得窮盡各種方法去尋找。我們接受每個人終有一死的事實，有些人的逝去會比其他人早，而人們往往會在放棄對生命的希望時死去。我曾接觸過許多臨終者，他們幾乎在跟我道別之後隔天離世，不管他們的潛在病因是什麼……」

我們打斷了她的話，提醒她這些人的「潛在病因」始終存在。「取走他人性命」這樣的字眼過於簡化，而且相當駭人，同時，女爵所說的那些「放棄對生命的希望」的人，他們始終患有持續惡化疾病或是絕症。

芬萊女爵堅持說：「到了我這個年紀，每個人難免都有潛在病因。」

女爵還是沒有聽進去我說的話。

她仍堅持說：「你所主張的選擇非黑即白。你說的是要麼活著，要麼死去。」

但我們主張的絕對不是這個意思，我們也沒有說把關的安全機制和照護系統不重要。我們真正要說的是，當人們耗盡了所有這些支持的系統，不論是心理治療、照護、家庭疼痛管理，沒有什麼會比「你就是束手無策」更斬釘截鐵的事：你只能靜候死亡的到來。

「我不會說『束手無策』這樣的話。」芬萊女爵說：「我沒有魔杖。我所能做的可能有限，有時可能顯得微不足道，但如果能帶來安慰，那就值得去做。但是我作為一名醫生，以及我自己領域裡的其他醫生，都不想處在一個會對病患說出『沒錯，你有資格獲得致命藥物——拿去吧』的位置。」

但我不明白的是，以及我要告訴芬萊女爵的是，這些人已走到生命的盡頭，光是他們的診斷，就使得他們符合接受致命藥物的條件，而只要修法或是提出新法，就可以滿足他們想提前結束生命的意願，至於不想這麼做的人，他們本來就不會用到這些法律，所以做出決定的不是醫生，而是病人——也許就是我。但這正是芬萊女爵似乎沒聽懂的地方，我對此感到失望。

這其實是我們第二次在網上與芬利女爵會面，在第一次對話中，她給我們留下了深刻的印象。她曾在一家老年失智症療養院中觀察到一位男士，儘管他處於老年失智症晚期，但他每天都會為院友們彈奏完美的鋼琴樂曲。她希望我們意識到，他的生命仍然具有意義，不僅是在他彈琴的那一刻，而且對院友們來說也是如此，有些院友還會站起來跳舞。這個故事讓我記憶猶新，尤其是芬萊女爵另外舉了其他的例子，那些讓生命變得有價值的片刻，比如，有位婦女在臨終前昏迷了好幾天，但在她嚥下最後一口氣之前，她突然醒了過來，對一直在床邊守候的女兒說愛她。聽完這些故事，我當然很感動，但我不禁想自問，這些短暫的片刻，是否足以讓這些人生命的其餘時刻變得可以忍受？例如，在療養院的那位失智老人，他每天在彈鋼琴之外的時間裡，究竟是如何度過的？也許他非常滿足，這是很有可能的。但在我看來，這是那些局外人在為病患做「什麼才是有意義的人生」的決定，我在想，如果我們能和那位長者交談，他是否會贊同我的說法？

在過去六年裡，我一直在宣導失智症患者也能過上有意義的生命，而且仍能為社會做出貢獻，但我也說過，當我跨過臨界點，變成了一個對周圍環境、對我所愛的人、對我一直努力抓住的自我感受一無所知的人時，生命對我來說就會不再具有意義。難道我不該為未來的那個我做決定嗎？

與臨終者家屬的對話

芬萊女爵從事緩和照護數十年，她似乎認為絕對有辦法讓病人安適地度過生命的最後時刻，但有些故事告訴我們，事實並非如此。莎拉・德魯蒙德（Sarah Drummond）的母親希瑟・布萊克（Heather Black）在臨終時懇求女兒們結束她的生命。希瑟去世後，莎拉和她的姐妹們分享了她們的故事，希望能改變人們的想法——以及法律。

莎拉坦承，在她的母親生病之前，協助死亡並不在她的考慮範圍之內。她說，在經歷過其他家人各種不同的離世方式之後，她認為它們「雖然讓人難受，但還算可以應付」。但她母親的死亡截然不同；「她的離世讓我們深受創傷，以致我們那時發誓，如果我們能阻止人們受到這樣的苦難，哪怕只有一個人，我們都會願意這麼做。」

莎拉住在蘇格蘭，那裡一項法律草案正在醞釀且已經取得了一些進展。如果這項法律通過，莎拉的母親就不會在嚥下最後一口氣之前遭受苦難，不過，對於像我這樣的人，它還是幫不上忙。正如莎拉在我們見面時對我說的那樣，我們必須接受我們需要逐步做出改變的事實。

莎拉解釋：「當我們發現媽媽的食道癌病情時，她已經回天乏術，她的病已經來到第四期，也就是末期。她的生命即將步入終點，這是我們當時面臨的問題。蘇格蘭議會的法案若能通過，就能適用在我母親的情況上。顯然並不是所有人都能適用此法。但為了使該法案能夠通過，它在適法的條件上必須界定得非常狹隘、專一且毫無彈性，否則該法案根本無從通過，而這正是令人沮喪的地方。」

我們必須逐步進行，人們才會逐漸熟悉這樣的想法。醫學的進展突飛猛進，我們幾乎可以治療任何疾病，那麼，為什麼我們不能「治療」死亡？我在某處讀到莎拉說過的一句話，她說世上確實存在著一種藥，可以讓她母親的死亡變得輕鬆一些，所以她想問，母親之所以被維持在活著的狀態，究竟是為了誰？

「這完全沒有意義。」莎拉說：「媽媽跟我們說，她也跟臨終關懷醫院的人說，她說：『我真的受夠了。』如果我們夠幸運的話，我們本可以有時間和她道別，而不是得承受後來的內心創傷，因為母親實際過世的方式，讓死亡更加令人難受。我的母親所經歷的死亡絕非安詳而寧靜，而是極度駭人。母親的食道中長了一個巨大的腫瘤，她發出了一些聲音，彷彿就要窒息而死。院方替她開立了一些藥物，在她生命的最後十二個小時裡，她不停地咳嗽、吐痰，從嘴裡汩汩地噴出棕色的土石流。皮膚、血液和腫瘤的組織不停地從她嘴裡冒出來，宛如恐怖片一般。」

莎拉的描述讀來令人心碎，卻不常被討論。這些畫面實在令人難以接受，我們之中的許多人可能會甚至因此連協助死亡都不願多談，然而它們卻會跟著莎拉一輩子。這意味著希瑟的死對她的女兒們來說，會是個永無止盡的創傷。

莎拉告訴我們：「我們甚至無法好好向母親道別，因為我們目睹著一個接著一個的可怕景象。這根本毫無意義：我的母親在那段時間裡活著，對任何人有任何好嗎處？人們常說不該讓動物受苦，而我們也確實盡力不讓動物受苦。然而，即使你沒有受苦，難道你不該有權決定是否要結束自己的生命嗎？」

我在這節中已經說過，我們尊重那些不願意選擇協助死亡的人，那是**他們的**選擇，但我相信其他人也應該有自己的選擇，就像莎拉的母親，她應該有權能夠說：「我受夠了一切。」

「對我們來說，我們想說的首先是：『這簡直太瘋狂了，這怎麼可能是正常的？』我媽媽躺在那裡，她還活著——但她是為了誰而『被活著』？我們為什麼待在這間病房？這樣的生命還有什麼品質可言？對我們來說，我們能做些什麼來阻止這種事情發生在其他人身上嗎？還有我們自己：我不想讓我的丈夫或孩子經歷這種事。我的母親不止一次**懇求**我們了結她的性命，求我們結束這一切。我們在想我們能怎麼做？我們真的想過，我們真的想過要把枕頭壓在她頭上，所有這些想法都會在你的腦海中浮現。要是我們早知道事情會變成這樣，我們一定會竭力避免讓它發生。」

聽完莎拉的故事，我感到非常悲傷，尤其是當她的母親懇求她和她的姐妹們幫助自己解脫時所流露出的絕望。這讓我回想起多年前我父親被診斷出癌症時，他問醫生的第一件事，就是他們是否能做些什麼，讓他不致拖得太久才死去，因為這就是事實。我們常說要延長生命，但我們實際上在做的，卻是在延長**死亡**，因為我們不去討論臨終者在死亡期間所承受的痛苦。

莎拉告訴我，她母親最後幾天發生的遭遇確實令人難以接受，不過，她說：「儘管這些事沒有太多人願意提起，但在我們分享了這些事之後，人們寫信告訴我們，『我的外公也發生這樣的事』，或是『我爸爸也是這樣』，但所有這一切真正的遭遇都被『我們在病榻邊握著辭世者的手』那種溫馨美好的圖像蓋過了。但那種圖像根本不是現實，而我們需要討論現實。」

所以，我們對死亡還是談得不夠。在關於協助死亡的辯論中，很多重點都放在需要落實的把關機制上。也就是說，我們是從最壞的情況來討論協助死亡，在我看來，這只會使問題變得更複雜，尤其是當你想到其他國家都已經找出把關的機制了。

把關機制當然需要到位，但就莎拉母親的情況而言，沒有任何醫生會懷疑她免受受苦的願望，沒有任何醫生會擔心她因為受到親屬的不當影響而做出結束生命的決定，沒有任何醫生會相信她是因為不想成為家人的負擔而選擇死亡，因為世上沒有任何一個家庭會願意看到自己的親人遭受這樣的苦難。正如莎拉所說，如果她們早知道會發生在母親身上的事，她們很可能會做出幫助她離開的決定，即使這意味著她們很可能要面對司法的起訴。正如亨利．馬許（Henry Marsh）在《最後：關於生與死的事》（*And Finally: Matters of Life and Death*）一書中所說，在英國，結束自己的生命並不違法，但幫助別人做這種不違法的事情卻會犯法。

與協助死亡醫生的對話

在我們與芬萊女爵的談話中，她談到了很多關於醫生在幫助他人結束生命時如何感到不安的問題，儘管所有的協助死亡法律都有「良心抗辯」（conscientious-objection）條款，這樣一來就不會有醫生不得不去實施令他們感到不舒服或違背他們個人原則的行為。她引述了許多國家的醫生的憂慮，因為這些國家的法律強制他們協助臨終病患死亡。我覺得有必要與一位確實為臨終病人開出終止生命處方的醫生談談，瞭解這是否真的如芬萊女爵口中所說的那樣是「小菜一碟」。

二〇一六年六月，《加州生命末期選擇法》（California End of Life Option Act）立法完成，這意味著居住在該州的成年絕症患者可以向醫生申請藥物來結束自己的生命。申請「臨終醫療協助」（Medical Aid in Death, MAID）的資格，是患者必須年滿十八歲，身患不可治癒或不可逆的絕症，存活時間不到六個月，具有自行服用和攝取藥物的生理能力，具有做出決定的心智能力，且未因精神疾患而導致判斷力受損。在獲得這類致死藥物的過程中，有許多把關的機制如下：患者必須向醫生提出三次請求，其中一次必須以書面形式提出；患者必須單獨與醫生會面，以確保其決定出於自願；患者還必須與另一名會診醫生見面，以確認其診斷已為臨終者；開具藥物處方的醫生必須與患者及其家人討論其他臨終選擇。加州公共衛生部公布的二〇二一年數據資料顯示，[5]自該法律生效以來，已為三千七百六十六人開具了處方，其中兩千四百二十二人死於服用該處方藥物，其餘的人則未使用處方。這與美國其他同樣合法化臨終醫療協助的十個州的情況一致，在這些轄區中，約有三分之一的處方未被使用。

凱薩琳・弗雷斯特（Catherine Forest）正是一位為病人開立臨終處方的醫生。安娜和我透過Zoom與弗雷斯特醫生視訊，當時她正在聖克魯斯的家中。我首先問她，如果有人把開立臨終藥物的醫生說成是在「殺人」，她怎麼看。

弗雷斯特醫生說：「當人們問我在開立臨終協助藥物處方時，我究竟是怎麼想的？我會說我是在履行我對病人的醫療承諾，那就是結束痛苦，結束他們自己所定義的痛苦。我相信病人有權利告訴我，他們承受了什麼樣的痛苦。我提醒人們，這在我居住的地方是合法的，如果不合法，我也不會這麼做，但我會努力爭取讓它合法，因為我相信垂死的人應該要能自己選擇死亡的時間和方式。」

弗雷斯特醫生對醫助死亡有非常切身的體會。她的丈夫在二〇二一年被診斷出患有肌萎縮性脊髓側索硬化症（ALS，在英國，它通常稱為運動神經元疾病），被認為與新冠病毒有關。之後他選擇使用《加州生命末期選擇法》來結束自己的生命。

我好奇問弗雷斯特醫生，她認為這對生活在協助死亡合法化的加州人有什麼影響，尤其是因為我們知道有三分之一的致死藥物處方並未開立使用。

她說：「我認為，知道自己可以透過臨終協助選擇死亡的人，他們在生活中的焦慮將會降低，他們能夠把更多時間花在與自己所愛的人相處。我不想把它當成量的問題。我不認為我可以用『還有幾天可活』來量化這個問題，但我確實認為他們所重視的，不會是剩下的時間長短，而是生活品質。其實人皆如此，不管你是否選擇協助死亡，生命的質都比量重要。我經常聽到人們說『我認為我不會選擇協助死亡』——而且他們也從未提出這個要求——『但我知道我可以這麼做』。這讓人們如釋重負。但正如我丈夫所言：『渴望活著的驅力極為強大。』」

根據加州法律規定，如果患者本人提出要求並符合資格，弗雷斯特醫生可以為其開立臨終藥物，或是含有臨終藥物的注射器，由患者自行注射。患者必須能夠自行用藥這一事實意味著，有些希望使用臨終協助的患者，會因為所患的疾病而無法利用協助，例如患有多發性硬化症或肌萎縮性脊髓側索硬化症的患者，他們在疾病晚期可能會無法進行身體操作或服用藥物。不過，現在已經有技術可以讓人們透過導管服藥，甚至在眨眼之間就能完成——關鍵是，藥物仍然必須由病人自己控制。但法律依然將失智症患者排除在外，認為他們沒有能力做出結束生命的決定。

「在我所屬的州，你在臨終時必須具備行為能力，」弗雷斯特醫生解釋：「因此，例如患有失智症的人，就無法適用我們的法律，這是法律的局限性。我認為，人們想要對自己未來的願望和計畫擁有發言權，這一點是可以辦到的。事實上，在我們的司法管轄區裡，就有醫療保健永久授權書這個制度，也就是『如果我無法為自己做決定，代理人可以為我做決定』。它就是為了之後將會不再具備醫療決策能力的人所設計的。然而，在加州，由於涉及的把關機制非常複雜，因此目前並沒有擴大適用資格的計畫。」

奇怪的是，即使在英國，在喪失行為能力的情況下，如上一章所述，你可以提前決定拒絕接受挽救生命的治療，儘管在其他一些醫療緊急情況或狀況發生時，醫護人員仍必須採取相應的措施，但根據加州的法律，像我這樣的人卻無法在我越過臨界點後，做出結束自己受苦的決定。弗雷斯特醫生指出，在加拿大，協助死亡法律的適用對象已納入失智症患者（他們的死亡被認為是可以合理預見的），他們可以提交「放棄最終同意書」（waiver of final consent），所以即使他們喪失了行為能力，他們的醫助死亡仍可以繼續進行。不過，關鍵是他們必須選定某個未來的時間點，如果他們在當天「透過文字、聲音或手勢」表示反對，那麼這份同意書就會自動失效。自二〇一六年將醫助臨終寫入加拿大法律以來（二〇二一年又有所修訂，擴大了適用者的定義，將「不可合理預見」（not reasonably foreseeable）死亡的人，即不屬於生命末期的人，也包括在內），共有三萬一千六百六十四人透過醫助死亡離世。[6]加拿大的制度可以適用在我身上，我想就行為能力和未來規劃的問題與弗雷斯特醫生進行更多的交流。

她告訴我：「我現在是一個協助死亡病患的遺孀，我的丈夫本想選擇活得更長一些，但由於我們的法律規定，你必須具備一定能力以自行用藥，所以他比起自己希望的死亡時間更早離世。所以，當我特別想到失智症時，溫蒂，我想到你說過的一段話，那就是做出以下思考的能力：『我是個一生始終如一的人。你瞭解我，而我之所以寫下這些事情，是希望當我在未來失去行為能力時，你可以在我生命的這個階段、在我的終點、在我的黃昏幫助我。我們每個人都會死，那麼我有沒有辦法把我的發言權交給別人呢？我知道這並不完美，但若能符合這些條件，我是否可以縮短現在的我正在經歷的這段時間，因為我知道，以這種方式活著其實是在受苦？』」

弗雷斯特醫生說她治療過很多處於失智症晚期的病人，這些人就像我一樣，認為自己一旦越過臨界點將會痛苦不堪。她說，雖然他們看似沒有受苦，但作為他們的家庭醫生，她知道他們想要什麼，她會「盡其所能」，不會為了替他們治療膀胱感染而將他們轉院，她會停止不必要的治療，只照顧他們身體上的痛苦。

弗雷斯特醫生說：「我完全明白為什麼我們必須爭取發言權的**擴大**，而非限縮——因為這就是目前的情況：限縮人們在生命終點的發言權。」

我向她解釋，目前我在英國的唯一選擇是前往瑞士的「尊嚴」診所，在那裡結束生命，但是我不想在一個我不熟悉的國家辭世，也無法忍受我的女兒們和我一道前往瑞士，之後卻得獨自返回英國。

弗雷斯特醫生說：「在美國，我們已這樣做了二十五年。你可以離開自己原本的居住地，開車前往醫助死亡合法的地方定居。重點是，在你的司法轄區中，什麼才合法？你們的社會是否已經有所改變，願意支持這種作法？我會和其他醫生交換意見，對人們進行意見調查，瞭解他們是否支持協助死亡。你必須深入調查，才能發現人們是在哪些方面對此感到不安，社會是在哪些方面有所進步或沒有進步。而人們是否有能力做出決定的問題，正是使一些人感到不安的地方。轄區的法律很重要，所以英國和加州有一些相似之處，因為我們的法律都主張，失智症患者沒有在當下做出有意識的決定的能力，於是就將很多人排除在外。我很難過，因為對我來說，我應該擁有對未來表示意見的能力：『因為我現在很清醒。』」

我與弗雷斯特醫生討論加拿大和荷蘭等國的預立醫療規劃，人們可以在喪失行為能力之前表達自己的意願，然後隨著病情的發展重新審視它們。就我而言，失智症是多變的。如果我今天如墜五里霧之中，我不會指望我有能力做任何事或說任何話，但第二天，如果霧散了，我就能夠完全重拾我的能力。所以，即使是現在，我的能力也是不穩定的，我相信隨著病情的發展，我的能力會變得更加不穩定。但是，對人們來說，失智症實在太複雜了，所以他們覺得最好把失智症排除在法律規範之外。

弗雷斯特醫生說：「我能理解這種感覺，在某種程度上，這對我來說也是如此。我確實相信下面這種方式最能用來思考失智症：各種失智症都是一種進程，會有一個開端，也會有一個中間階段。而我相信關鍵的地方就在於開端和中間階段的某處：此時周圍的人可以清楚地看到，患者就自己想要的人生終點所做的決定，始終是一致的。此時，你可以將它們記錄下來，這對家人和朋友來說會是份禮物，因為這樣一來，不管失智症晚期出現什麼情形，或是患者如何來到病程的晚期，家人或朋友都已經知道患者的決定，可以代為行使決定權，而其中一個選項就是協助死亡。這時有很多問題要問，其中之一就是：你瞭解這個人，他現在是否已到了他想訴諸協助死亡的時候？時候真的到了嗎？而正如我所說，目前還沒有修改現行法律的計畫，因此患者的家人必須做出這種重大的決定。

「你說讓家人與你一起前往瑞士卻隻身返國很沉重，但你要想想，在你越過臨界點後，家人若還是得做出同樣的事情，可能會讓他們覺得更加沉重。你很清楚失智症：越過臨界點的失智症患者，看起來似乎沒有在受苦，所以要求另一個人承擔責任，結束一個看起來並不痛苦的人的生命，這種壓力真的是難以承受。所以你必須提前告訴他們：『這是我現在的觀點：對我來說，看著自己在失智症中走向生命的盡頭，這就是受苦的模樣，現在相信我，請相信我，做我要求你做的事，這將會是送給我的一份禮物。』這件事非常複雜。若我們能事先考慮所有的選項，並在病程的早期為我們未來的代理人找到適切的語言，告訴他們：『這就是我所認定的受苦，請遵從我的心願。』我相信，這就是我們該做的事。」

與芬萊女爵不同的是，弗雷斯特醫生似乎理解我所說的「不希望越過臨界點」的意思。當我向她解釋這個想法時，她對我的說法是：「你現在所過的生活，不是過去的自己會想要的。」她說的一點也沒錯，聽到來自醫界的人承認並尊重我的想法，令人鼓舞。

「當人們說到受苦，它其實應該意味著『對你而言，受苦是什麼？』」弗雷斯特醫生說：「對於我丈夫來說，在他的心中，插著餵食管和呼吸管是難以接受的，因為這使他無法與人交流。他一生都喜歡與人打交道。但我有另一個病人，只要他的心智清楚，他就認為自己還活著有意義的生活。所以這就是為什麼你所說的非常重要。你不能貶抑他人的經歷——你必須真心傾聽。『溫蒂是誰？溫蒂在說，溫蒂的本質不想要那樣的未來。我知道我在未來將無法表達自己的意見，所以我現在是在為我的未來發言。相信我，請你相信我。』」

在與凱薩琳．弗雷斯特交談時，那種如釋重負的感覺幾乎無法形容。她懂得說我的語言，但更重要的是，她能傾聽我的心聲。說她對這個話題充滿熱情，還只是輕描淡寫，她同時也充滿了同情心。她感受到我的沮喪，與我一起承擔它。她多次提及「受苦」這個詞，而且她理解我的想法：我向她解釋，我害怕的不是未來的受苦，而是未來的生活，現在的溫蒂不想成為未來的溫蒂，不想過著依賴他人的生活，無論我看起來會有多「快樂」，或者更準確地說，無論他人如何解讀我的面部表情。弗雷斯特醫生可以看出，一個人處於痛苦和折磨之中，與一個人無法過上自己想要的生活之間的區別，就像她自己的丈夫所做的選擇，而他之所以能按照自己的意願做出這種選擇，是因為當地的法律允許他這麼做。

經常有人——通常是那些反對協助死亡的人——對我說：「你也可能會過得很快樂。」我真想對他們大聲喊道：「這對我來說沒有任何意義！」沒有自主權，沒有獨立性，完全得依賴他人來決定我在何時何地以何種方式去做我想做的事，這不是今天的溫蒂希望未來的溫蒂過的生活。弗雷斯特醫生也許是我接觸過的第一個完全明白這一點的醫療專業人士，她給予我個人自主權來表達這一點，當我說出來時，她相信我，她傾聽我。這是種單純的傾聽，甚至不需要任何同理心，只要對別人說：「我聽到了你的聲音，我能理解你為什麼會有這樣的感覺。」

正如弗雷斯特醫生告訴我們的，當你「深入調查」，你才能明白人們為什麼會抵制修法，為什麼會不允許人們對自己的生命（生命的各個方面）擁有個人自主權。但其他司法管轄區的法律已經證明，這個問題並非不可克服。他們已經找到設立把關機制的方法。當然，這仍然是個複雜的問題。加拿大正在考慮擴大法律的適用範圍，允許那些患有嚴重且不可治癒的精神疾病（如憂鬱症）的人，可以要求結束自己的生命（儘管該法案已被推遲到二〇二四年，以便國會議員能夠進一步研究證據和把關機制），然而在英格蘭和威爾斯，我們仍然無法邁出第一步，讓壽命不到六個月的患者免於遭逢延長的死亡。

與弗雷斯特醫生的整個對話非常精彩，但願我能把完整內容都寫在這裡。她另外透露了，她和其他醫生如何為那些不適用現有協助死亡法律的人提供合法的替代方案。弗雷斯特醫生提到，她為加州境內和境外希望自願停止進食和飲水的病人提供支援，這種方式稱為「自主停止飲食」（voluntarily stopping eating and drinking, VSED，發音為 *vee-said*），又稱「斷食善終」。

「我為一些癌症患者提供諮詢。他們剩下的時間不到六個月，但他們居住的州並不適用協助死亡法規，所以在這種情況下，我們的作法是，在他們決定自主停止飲食後，我們給他們注射鎮靜劑，讓他們感覺不到飢餓，陷入沉睡之中，直到他們的器官衰竭，然後離世。這需要七到十四天的時間。但這並不是協助死亡，因為取走他們生命的，並不是我的鎮靜劑，而是他們採取的自主停止飲食，這是他們自己的選擇。在我們的司法管轄區，如果你具有行為能力，你可以拒絕治療，包括進食與飲水。」

弗雷斯特醫生指出，他們所接受的鎮靜劑與施予臨終患者的鎮靜劑不同：病人醒來後會繼續陷入睡眠。她只是在病人臨終時控制處理他們的症狀。

弗雷斯特醫生說：「這些年來，我們有很多患者被診斷為失智症。他們在失智症裡度過了漫長的歲月，當他們意識到自己會踏上的道路時，他們選擇提早結束生命，只因為他們此時還有能力主動停止進食和飲水，而如果他們再等上更長一段時間，他們將無法這麼做。這讓我很難過，這就像前往瑞士的原因一樣，因為他們不一定能做出提早結束生命的決定。他們覺得自己得要在生命的品質與行為的能力之間取捨。這令人遺憾，因為你無法在所剩的時間裡，過上你想要的生活。」

我覺得這番話很有道理：在所剩的時間裡，過上你想要的生活。

與我自己的對話

我想要進一步瞭解自主停止飲食的想法。我已經需要在iPad上設置鬧鈴來提醒自己進食和飲水，那麼這是否可以成為我縮短生命的一種方式，從而避免我跨過臨界點，陷入無法照顧自己的窘境？當然，正如弗雷斯特醫生所說，這意味著我還是得要在「真正就緒」之前離開，也就是得要在我仍有選擇能力之時離開。這都該怪那些制定法律的人，或者就英國而言，該怪的是那些拒絕制定法律的人。也許讀到這裡，你或許會因為我考慮提早結束生命而感到難過，但我需要澄清的是，對生命臨終時的選擇和尊嚴抱持好奇心，與「成天想要自殺」完全不同。

我不曉得，若我選擇自主停止飲食，我自己的醫生是否能夠為我提供如同弗雷斯特醫生般的協助，讓我在這段期間保持安適和無痛，我很想知道英國法律對自主停止飲食的立場。「臨終關懷」組織願意提供我更多這方面的資訊。這個全國性的慈善機構支持人們為臨終做好準備，教導人們如何談論生命的終點、為它制定計劃，並依據二〇〇五年的《心智能力法》（Mental Capacity Act），以書面形式寫下他們的意願。

我與「臨終關懷」的臨床負責人兼服務經理莎拉・馬利克（Sarah Malik）見面，她告訴我，該慈善機構經常接到人們的電話，詢問更多關於自主停止飲食以加速死亡的相關問題。她解釋說，由於目前（在我寫作之時）英國還沒有向公眾或臨床醫生提供明確的國家認可資訊，因此選擇自主停止飲食的病人，從他們的醫生或照護人員所得到的照護和支持可能會有很大的差異。這就是為什「臨終關懷」組織在二〇二二年呼籲制定關於自主停止飲食的國家指南。

「英格蘭和威爾斯的普通法表示，自主停止飲食是一種合法的選項，」莎拉解釋：「但關鍵是，只有具備行為能力的成年人才能選擇這麼做。所以你不能將它加入預立醫療自主計畫中，因為預立醫療自主計畫只有在你喪失做出治療決定的能力時才會生效。自主停止飲食是具有決策能力且通常病況極為嚴重的成年人，可以做出的選擇。我常接到處於疾病（如癌症）末期患者的電話，他們擔心自己的死亡將會極為痛苦或拖上很久，希望透過停止進食和飲水來加速這個過程。但我們很無奈地意識到，目前還沒有臨床方面的指南。」

英格蘭和威爾斯的《心智能力法》並不認定失智症患者會自動喪失做出決定的能力，而是認為其決策能力可能會出現波動，「某人可能會缺乏做出某些決定的能力，但仍有能力做出其他決定」。

但對於決定透過這種方式結束生命的人來說，存在著一個難題，這個難題不容小覷，那便是患者可能無法獲得一致的症狀處理。

莎拉解釋：「拒絕食物和飲水並非拒絕所有照護，當然也不是拒絕止痛和症狀處理。但是，如果缺乏明確的臨床指導，你的醫療團隊會很難根據你的選擇為你提供最合適的照護。」

莎拉提到，如果患者不想口服止痛藥（因為要飲水才能服用藥片），醫生可以為他們開具舌下含片，它會在舌下溶解，因此不需要喝水。她認為這是一種「支持性方法」，儘管並非所有醫療機構都會告訴病人，他們可以使用這種方法緩解疼痛。

自主停止飲食過程通常需要七到十四天，人們通常會出現一些症狀，例如焦躁不安，這與一般臨終過程中出現的症狀相似。莎拉認為，並不是所有人都能夠下定決心選擇以這種方式離世，但對某些人來說，停止飲食是死亡過程中非常自然的一部分。在某些文化或宗教中，這還是一種廣泛被接受和實踐的選擇。

莎拉說：「你必須按照計畫並盡可能透明地與你的臨床團隊一起進行這個過程。你確實需要他們支持你的選擇並幫助你處理症狀。我還想補充一點，擁有支持你的健康與福利代理人也非常重要，可以作為你的後盾，協助確保你的意願得到傾聽和尊重。我的另一項重要工作是為代理人提供協助，讓他們的意見能被聽見。代理人必須瞭解自己的角色和責任，並利用你的書面文件來掌控整個過程的進行，這至關重要。你的代理人或照護者應與臨床團隊合作，共同商定如何支援停止飲食並管理症狀，例如確保餐碟不會送進病房，以及保持臨終者口腔的濕潤和處理臨終者的焦慮。」

那麼，在英格蘭和威爾斯，法律在這件事情上的立場是什麼？托尼・尼克林森（Tony Nicklinson）是兩個孩子的父親，二〇〇五年他不幸中風。他想結束自己的生命，但在沒有協助的情況下，他無法做到。高等法院拒絕承認由醫生協助他結束生命是合法的，因此他自行採取自願停止進食和飲水的方式。二〇一四年，在他去世兩年後，最高法院明確表示，醫生不得建議患者如何自殺，但可以「就臨床選擇（如鎮靜劑和其他緩和照護）提供客觀建議，如果患者仍做出自殺的明確決定」，同時，「具有法律和行為能力者，有權拒絕進食和飲水，並拒絕任何……治療，包括人工餵食，即便若不如此，將導致其喪失生命」。[7]英國醫學協會於二〇一九年發布的現行指南指出：

> 必須尊重成年具行為能力病患在知情的情況下拒絕（照護或治療），即使這會導致嚴重傷害或死亡，包括拒絕進食和輸液的行為能力。在此情況下，最好事先與病患討論，在必要時可以採取哪些止痛和緩解症狀的措施。

在向病患提供鎮靜劑方面，英國醫學協會給醫生的建議也指出：

對於瀕臨死亡，並經歷無法以其他藥物有效控制病患所經歷之痛苦症狀者，可以提供持續或緩解性鎮靜劑。此為重大決定，需要仔細考量醫生的動機和可能的替代方案。

例如，在此類必要情況發生之前，提供鎮靜劑，或是主動提議或同意使用鎮靜劑，為不適當之舉。在某些情況下，例如在病患同時亦拒絕進食和輸液的情況下，此舉將被理解為與協助自殺無異。但這並不妨礙醫生在需要控制處理症狀之時，事先同意減緩疼痛和不適。8

可以看得出來，其中的界線非常微妙。因此，一切取決於你個人的醫療照護人員，通常是你的醫生，但「臨終關懷」等組織可以協助人們，探討若他們想要自願停止進食和飲水，他們會需要哪些照護和支援。例如，莎拉．馬利克建議，關鍵是要提前與家人、醫生以及臨終關懷或緩和照護團隊（如有必要）進行這些最後階段的討論。這又回到了先前的探討，也就是醫療照護一致性的重要性，因為醫生也需要瞭解病人自身想法的一致性。在我看來，任何醫生都不該懼怕病人在生命的最後階段想要獲得某種程度的掌控權，無論醫病之間的對話是否尷尬，醫生都該在合理和合法的範圍內支持病人對自己的身體以及生死方式所做的決定。

透過對「自主停止飲食」的討論，莎拉．馬利克為我澄清了很多問題。她讓我意識到，對於我們這些在努力適應上已經走到盡頭的人來說，還有其他選擇。她談到的準備工作，比如與醫生的討論，讓我產生了共鳴，因為如果我可以選擇像自主停止飲食這樣的方式結束生命（這大概是我一定會做出的選擇），我會讓我的女兒們有所準備，與我的醫生交談，確保我的意願被瞭解和清楚傳達。她還安慰我說，對某些人來說，自主停止飲食就只是一種自然的死亡方式，而非協助死亡的替代方式。

僅僅因為多了一個選擇——甚至連是否要採行都還摸不上邊——我就已經感到自己比開始寫這本書時更有力量，這種力量來自我所取得的知識。

在法律眼中，行為能力是變動的，得知這件事對我來說也是種安慰。許多醫療院所和療養院所管理者都表示，受他們照護的患者沒有行為能力，儘管事實並非如此，但有段時間，我不禁開始懷疑自己對行為能力的理解，因為我總認為，行為能力是變動的，所以當莎拉言簡意賅地指出，根據《心智能力法》，行為能力是根據逐個決定來判定的，這讓我確信自己的理解無誤。

光是能夠與像莎拉或凱薩琳．弗雷斯特這樣的人進行這些對話，就能讓我擺脫失智症的桎梏。這就是為什麼對話如此重要，因為如果你能夠談論它，醫療專業和現行法律就不會只是讓你寸步難行。

莎拉告訴我的關於臨終焦慮的情況也很有意思，醫護人員對待自主停止飲食者的照護與一般死亡的方式不同，他們會讓親屬知道這是死亡的自然階段，就像出生階段一樣自然。但是，如果醫護人員缺乏所需要的臨床指導，他們就無法對眼睜睜看著選擇自主停止飲食的患者的親屬說：「請不要擔心這種躁動，這是絕對正常的事，我們會替他注射鎮靜劑，讓他更舒服一些。」儘管這些事情很難開口，但如果我們不談論它們，我們怎麼會知道臨終焦慮是死亡過程中極為自然的一部分？

如果我在這本書的末尾，表示我訂了前往瑞士的機票，那會意味著在所有這些關於死亡的討論中，我找不到任何希望。但事情正好相反，我所經歷的每一次對話，都更加鞏固我的看法沒有錯，對於自己究竟想要什麼，我感到更加自信。

未來，我可能會選擇自主停止飲食，因為如果社會和政府在協助死亡上無法釋出善意，這會是我唯一的選項。但我也可能不會選擇自主停止飲食。

但這都是未來需要進行的對話。

注釋

1 Euthanasia, YouGov, yougov.co.uk/topics/politics/explore/issue/Euthanasia?content=surveys

2 Daniel Boffey, 'Dutch doctor acquitted in landmark euthanasia case', *Guardian*, 11 September 2019, www.theguardian.com/world/2019/sep/11/dutch-court-clearsdoctor-in-landmark-euthanasia-trial

3 譯注：根據英國法律，知曉某人打算自殺卻未加以阻止，有可能會遭到「協助自殺罪」起訴。

4 *BMA Survey on Physician-Assisted Dying*, 2020, www.bma.org.uk/media/3367/bmaphysician-assisted-dying-survey-report-oct-2020.pdf

5 *California End of Life Option Act 2020 Data Report*, July 2021, www.cdph.ca.gov/Programs/CHSI/

CDPH%20Document%20Library/CDPH_End_of_Life%20_Option_Act_Report2021_FINAL.pdf

6 *Third annual report on Medical Assistance in Dying in Canada 2021*, Government of Canada, July 2022, www.canada.ca/en/health-canada/services/medical-assistancedying/annual-report-2021.html

7 R (on the application of Nicklinson and another) (Appellants) v. Ministry of Justice (Respondent), 25 June 2014, www.supremecourt.uk/cases/docs/uksc-2013-0235-judgment.pdf, p. 99

8 'Responding to patient requests for assisted dying: guidance for doctors', BMA, updated 2019, www.bma.org.uk/media/1424/bma-guidance-on-responding-to-patient-requests-for-assisted-dying-for-doctors.pdf

對於協助死亡或安樂死，你的立場是贊同還是反對？你的理由是什麼？在與自己、親友、醫生對話後，若有必要，你認為自己有可能會採取自主停止飲食（斷食善終）嗎？

五　關於生命的對話

在這本書寫到一半的時候，我收到了一則我一直很害怕的消息。一天晚上，當我看到朋友茱莉的名字出現在我的手機上時，我就知道情況不妙，這是出於只有好朋友才有的直覺。不幸的是，我猜對了。她四十七歲的兒子傑森去世了。在我的記憶中，他已經住院多次，他的母親一直在為他爭取生存的權利。最後，他的身體終於放棄了。

我躺在扶手椅上收到這則消息的那一刻，聽著手機裡茱莉傷心欲絕的聲音，淚水順著我的臉頰流下，我的思緒一下子回到了幾十年前一個陽光明媚的日子，我們剛剛搬進新家。那時，我們還是四口之家，不知道短短三年內，我們將縮減為三口人，我得獨自帶著兩個女兒住在這棟房子裡。我們經常興奮地穿越屋裡的各個角落，莎拉還不到三歲，潔瑪尚未出世。與我們打包離開的雙房小平房相比，紐波特帕格內爾的這棟三房的獨立別墅顯得十分寬敞。我從新臥室的窗戶望出去，後花園一片狼藉，雜草叢生——但我知道自己很快就會讓花園煥然一新。

隔鄰的花園把我的花園比了下去：它整齊劃一，線條筆直，草坪如畫，與我們的花園截然不同。一位身材嬌小、頭髮濃密的漂亮女士正在花園裡散步。我以前見過她和一個蹣跚學步的孩子在一起。那孩子和莎拉差不多年紀，這位女士彎身幫她的大兒子騎上三輪車。男孩大概八歲。看到已經這麼大的孩子需要幫助，實在不尋常。也許正是這一點引起了我的注意，我站在窗前看著他們。她把他放到座位上，開始推著他在花園裡轉圈。三輪車在花園小徑上緩緩行動，他的動作並不多，但他燦爛的笑容只有他媽媽的笑容能與之媲美。那時，我從臥室的窗玻璃看出去，覺得他有些與眾不同。我回頭看了看孩子的母親，觀察她臉上的表情，那是她在和其他孩子一起時沒有流露出的焦慮神情。男孩的弟弟不時蹣跚地走過來，給哥哥姐姐一個擁抱或親吻。這真是個溫馨的場景，直到莎拉在她的新臥室裡打開她的玩具時，我才回過神。

這位女士名叫茱莉。在陽光明媚的午後，在花園的柵欄邊晾曬衣服、邊看著孩子們嬉戲時，我們熟了起來。她的兩個兒子分別是傑森和萊恩。我後來才知道，傑森能活到現在簡直是個奇蹟。他出生時罹患一種罕見疾病，本不該活過嬰兒期。隨著年齡的增長，他只能蹣跚移動，不能說話，也聽不到聲音，而且永遠無法走路。隨著歲月的流逝，他越來越依賴父母，但他總是能在生活中找到樂趣。只要他向我們豎起大拇指，那就是我們之間的「對話」。

幾年時間過去，茱莉和她的丈夫特瑞生下另一個兒子亞歷克，而傑森依然繼續茁壯成長。他的父母和兄弟姐妹都懂得珍惜每一天，懂得珍惜當下，珍惜與傑森在一起的時光，而他的表現超出了所有人的預期。儘管他遇到了很多挑戰，進出醫院，歷經手術。他的父母得背著他往返廁所。他的需求也變得越來越複雜，而隨著他越來越高大，這些需求對他可憐母親的背部來說是個沉重的負擔。但她從未退縮，特瑞也是如此。他們很慶幸孩子還在他們身邊。

茱莉和特瑞歡迎我們加入他們的大家庭，作為回報，我也學會了一些技巧，比如如何排出傑森造口袋裡的空氣，以免它破裂。如此一來，在我為他們照看孩子時，他們就能夠在夜裡好好休息。特瑞教我如何DIY，茱莉的哥哥羅賓教我如何保養汽車。

後來，我們兩家乾脆把花園之間的柵欄拆掉，這樣孩子們就可以在其間恣意奔跑。在很多方面，我們就像是一個快樂的大家庭。早上一起送孩子們去學校，一起面對這個世界，甚至一起去超市購物，特瑞開車來接我們，車上滿載了購物袋，一回到家打開後行李廂後，就分別取走各自的購物袋。傑森的病情一直沒有好轉，只是越來越糟，但他仍然熱愛生活：就連最簡單的事情也會令他興味盎然，尤其是果凍點心和他最喜歡的拼圖，他專注地一排排拼著，用手指和拇指小心翼翼地拿起拼圖塊，把它們放到合適的位置，直到完成一幅拼圖。傑森是醫護人員眼中的奇蹟。不知有多少次，他的父母被告知要做好最壞的打算，但最後他總能安然返家。

傑森二十多歲時，背負他的任務已讓他的父母吃不消。茱莉和特瑞向議會申請擴建許可，這樣傑森就可以睡在樓下，有自己的浴室。每天晚上，茱莉通常每隔一小時就要起來查看他一次。有天晚上，傑森需要幫助，但她沒有聽到。睡到一半的她突然驚醒，走到樓梯口，看到一個幽靈般的身影，像在大白天見到一樣清楚，在向她招手，當她走近時又消失了。她這才發現傑森在自己的房間裡，亟需幫助。我一直覺得這個故事不可思議。也許那個幽靈般的身影是傑森的守護天使。

當莎拉、潔瑪、萊恩和亞歷克長大成人，離家，歷經人生的所有里程碑時，傑森卻只能和父母待在家裡。他們對兒子的付出，讓他們願意過一天算一天，傑森因此比原本預期的多活了幾十年。

當茱莉告訴我他去世的消息時，她語氣中的痛苦，使我在那一刻真想不惜一切代價，打破時間與距離的藩籬，給她一個擁抱。

傑森在我撰寫本書的過程中去世了，他的離世不禁讓我想到兩件事。第一，選擇的重要性。我在這本書中談到了現在的生活對我意味著什麼，我的個人選擇是什麼，我選擇如何度過我剩下的時間。對有些人來說，傑森這樣的生活品質會讓他們選擇結束自己的生命，但傑森沒這種選擇——他從出生就被困在一個讓他無法行動的身體裡。近五十年來，茱莉和特瑞一直替他發聲。就算再怎麼微小的時刻，傑森也都能找到快樂。在某種程度上，我們都能做到這一點，但當我們被生活的瑣事困擾時，就會忘記自己該這麼做。傑森提醒了我們所有人這件事。第二點：活在當下的重要性。失智症教會了我這一點。我從一開始就說過，在我收到診斷後，我就無法預知未來會是怎樣。我沒有水晶球，這種疾病的性質意味著我別無選擇，只能活在當下——這或許和傑森的情況有點像。也許這些年來，是他一直在激勵著我。

正如我認為我有權選擇死亡而不是活下去一樣，人們也有權選擇生存而不是死亡。茱莉和特瑞一次又一次地為傑森選擇了生命，他們給了傑森多麼美好的生活。

一個星期三的晚上，我坐在電視機前，希望天氣圖上的藍色斑點可以消失，藍色斑點宛如一大瓶墨水倒在英格蘭東北部。

「他們現在肯定不會答應讓我這麼做。」我心想。天氣預報週日會降雨令我失望。

我打開iPad，輸入「機翼行者」公司網站，打算重新預訂航班。我期待這趟旅程已經很久了。我現在經常有這種感覺——活像是缺乏耐心，急於獲得各種體驗。因為沒有時間可以浪費。

「除非，」我心想：「我能在週末之前完成行程？」

我發了一封電子郵件，沒過幾分鐘就收到了回覆。我們約在週五下午一點鐘進行。

「太好了。」我心想。

第二天，潔瑪來為我替這趟旅程染上粉紅色的髮色。我對會嚇人的粉紅色頭髮有點遲疑，所以只讓她加了幾滴染劑。之後，當我在村子裡散步時，我從窗戶裡看到自己的影子，我責備自己：「我應該更勇敢些才是。」

星期五早上，我在四點二十五分醒來，因為起得太早，我手上有大把時間，黎明的天空與我的新髮色相互輝映，我決心要更加勇敢。畢竟，那天我要被綁在飛機機翼上，飛上六百英尺高空。我把染劑的劑量增加了一倍，重新染了頭髮。儘管不是嚇人的粉紅色，但髮色顏色更飽滿。

「我在天空肯定會更顯眼突出。」我告訴自己。

那天上午晚些時候，莎拉開車送我去林肯郡的機場。我們在車上閒聊，這時我才意識到我忘了兩樣重要的東西：第一，醫生證明我適合飛行的信函；第二，朋友伊蓮的照片。我在約克的「心智與聲音」（Minds and Voices）老年失智症患者互助小組認識她。她一直對我的冒險精神和勇氣讚賞有加。因為我不再害怕失去任何東西，恐懼便煙消雲散，所以當她最近去世時，我答應她的丈夫艾瑞克，我會將她的照片帶在我的口袋裡，帶著她翱翔高空。

莎拉只好載著我調轉車頭，飛快地趕回家裡，這意味著，加上亨伯橋上的交通堵塞，我只能緊張匆忙地趕到機場，沒有什麼從容的餘裕。

我們前去櫃台，工作人員先跟我要了醫生的證明函（幸好我們回去拿了）。

「對不起，我們遲到了。」我說，深怕他們告訴我，我錯過了搭乘的時間。

「別擔心。放輕鬆，」服務台後面的女士說：「請先觀賞我們的安全宣導影片。」

我在一個約莫比我年輕三十歲的男子身旁坐下。他穿著一件毛絨絨的大毛衣，臉上帶著焦慮的笑容。在觀看影片時，我們一起開玩笑說，我們究竟該如何記住所有需要記住的東西。當然，他不知道這對我來說比對他來說要困難得多。顯然，我需要記住五件至關重要的事情。五件……這聽起幾乎是不可能的事。所以我選了兩個重點（希望這兩點是正確的）：「不要碰觸肩帶上的安全鈕，否則會解開你的安全帶」和「如果你覺得自己無法承受了，就伸出手臂，大拇指朝下，否則你會陷入麻煩」。這兩件事聽起來很重要，所以我非記住不可。

看完影片後，我和莎拉來到室外，和其他一些準備進行飛行的人一起坐在長椅上。一位女士戴著一頂色彩鮮豔的小丑帽，自我介紹說她叫海倫。體驗飛行的人是她的朋友莉茲，但海倫為她感到緊張，甚至噁心。當我告訴她我也要上去時，她顯得更吃驚了。

原來，莉茲為了慶祝她的五十歲生日，想出了這個古怪的點子。更令人興奮的是，她要為英國的失智症協會籌款。我告訴她我自己也患有失智症時，她頓時感慨萬千。從那時起，我們就成了無話不談的好朋友，彼此分享著對方的熱情，並對自己的飛行更加期待。

當叫到莉茲的名字時，我認真地聽著教官對她說的每一句話，看著她如何爬上飛機，因為我在安全指導影片中看到的內容早已拋到九霄雲外，除了那兩件事：不要碰安全鈕；如果遇到困難，伸出胳膊，大拇指朝下。當莉茲搭乘的黃色飛機開始隆隆起飛時，她的笑容似乎和陽光一樣燦爛。

幾分鐘後，我的銀色飛機停在我們身邊。

「我應該再給你拿一件羊毛衫。」教官說：「高空氣溫很低。」

我抬起頭，看到莉茲的飛機正飛向雲端。

教練把我扶上飛機，然後把我綁在機翼上，遞給我耳塞，調整我的護目鏡，然後我就感覺到飛機引擎在我腳下隆隆作響。現在可沒法反悔了。

「還記得如何向飛行員表示你想下來嗎？」他問道。

幸好他問的是我記得的兩件事之中的一件。我立刻伸出兩隻手，大拇指朝下。他看起來鬆了一口氣，從機翼上爬了下來。

終於輪到了我們的飛機在跑道上滑行的時候，飛機在草地上顛簸著前進讓我東搖西晃，但最後我還是向莎拉和莉茲的朋友海倫揮了揮手，她看起來比我還要緊張。雙翼飛機的輪子加快了速度，風從我耳邊呼嘯而過，腳下發動機的震動傳遍了我的全身，霎時，飛機升空了。飛機不斷往上攀升，稍微向右傾斜，我看到了我們剛剛離開的跑道。飛機越爬越高，樹梢宛如綠色地毯在我眼前鋪展開來。

飛機仍然在空中不斷攀升。地面上一片寂靜，風的力量把我的身體緊緊地壓在飛機的機翼上。我知道我的手臂應該要伸直，但迎面吹來的巨大風力讓我無法辦到這一點，於是我只好將手肘收在腰間，下臂伸出。我只能做到這樣。

飛機繼續向高處爬升，狂風吹拂著我的臉龐，把我燦爛的笑容吹得忽上忽下，忽左忽右，隨著飛機的左搖右擺，我看到從地面上向我揮手致意的人們。但是，我的笑容被風緊緊地貼在臉上，在高空中，雲朵近在咫尺，我的腦海裡空空如也，只想著當下這個美好的時光——我已經變得善於活在這些時刻中。

不知不覺中，飛機開始不斷盤旋而下，直到飛機的輪子觸碰到我們腳下的草地。砰、砰，我們著陸了。當飛機朝工作人員的方向滑行時，我向莎拉揮手，讓她知道我還活著。

由於我的雙腿已經忘了如何靠自己保持直立，教練們不得不把我攙扶下飛機，但當莎拉拿著我的手杖迎接我時，我幾乎找不到語言來表達這是多麼奇妙的一次經歷。

我只是不停地一遍又一遍說著：「哇。」

飛行員拿著他拍攝的飛行影片走了過來，後來我在家裡觀看這段影片時，還能聽到他說：「你簡直棒透了。」

確實如此。我曾說過，失智症消除了我在許多方面的恐懼：對黑暗的恐懼、對動物的恐懼、對死亡的恐懼。這意味著我可以做這些古怪的事情，因為失智症把所有的「如果」從我的腦子裡趕走，沒錯，儘管有些時候腦袋感覺就像布滿棉絮，但我盡可能找到積極的一面。如果失智症讓我變得更加大膽，如果它幫助我走過滾燙的煤炭，跳出飛機進行高空跳傘，或是站在飛機機翼上，在六百英尺高的天空中翱翔，那麼我會用它可以是的樣貌來看待它：一項禮物。

當你該鬆開被施加在生命上的桎梏時，當你該稍微張開手指時，當你該更執著地感受時間的流逝時，你就不會感到恐懼，因為你會更深刻地感受到，對於我們所有人來說，該發生的終將發生。你會更直覺地知道，控制不過是一種幻覺，過去如此，現在也是如此。這時，你才能真正開始活著。

你讀完這本書了，或許也跟自己、親友以及醫生對話過了，現在你怎麼看待死亡？
又怎麼看待生命？

最後一件事……後記

那天早晨，在我步出家門時，世界還沒有醒來。樹林漆黑一片，映襯著墨藍色的天空。對我來說，當別人還沉浸在睡夢中時，我已經離開了家，這並不稀奇——**我記得這一點**。

跨過前門的門檻，代表著這些天我終於擺脫了與我形影不離的夥伴。當我把鑰匙插進門鎖時，我把失智症留在了家裡，讓它在地毯上、在房間裡來回踱步。當我伸出腳踏在清晨冰冷的人行道上，當我感覺到空氣靜止在我的臉頰上，這是一種逃離、一種自主性。**我依然是個不需仰賴他人的人**。

整個夏天，鳥鳴聲比往常稀少，黎明的鳥鳴聲比往常的喧鬧聲更加低沉，好像大自然調低了音量。我曾告訴自己，乾旱迫使牠們遷徙到降雨量更多的地方，這是大自然適應氣候的方式。我們都是這樣做的，而且常常是在不知不覺中。然而，特別是在那個早晨，樹上到處充滿鳥兒們啁啾的鳴叫聲，當我沿著小路出發時，我微笑著聽到牠們再次與我作伴。

我決定先往村子的另一端去。我蹣跚地越過操場，沿著狹窄的小路來到村子的空地。雖然離日出還有一段時間，但靛藍色的天空已漸漸變亮，雲朵也聚攏起淡紫色的褶邊。**不知從哪裡透出了曙光**。

我沿著後巷走，拐進了馬場，低霧盤旋在田野。馬兒們剛剛醒來，正在尋找早餐，地平線上的某個地方，太陽正慢慢地履行著它的諾言，帶來新的一天，**就像它每天所做的那樣**。

我站在秋天的田野邊，臉頰因初冬的氣息而變得冰冷，手中的相機喀嚓喀嚓地拍下了所有的色彩，當太陽開始在山丘與天際線交會處升起時，這些色彩染紅了清晨。我等待著那一刻，等待著嶄新的第一縷金光穿透雲層，然後它就在那裡綻放出熾熱的光彩。**一個新的一天——一份禮物**。

那時，我感到一種強烈的渴望，需要故地重遊，走一走我曾經如此熟悉的另一條小路，感受腳底下的足跡，**看看我是否還記得**。

那天早上，當世界醒來的時候，我搭上前去約克的早班車，剛從睡夢中甦醒的人們登上了車，他們還在迷迷糊糊的夢中。我看著他們在我身邊落座，盯著窗外，或主要是盯著手機，世界匆匆而過，如往昔般運行，玻璃另一面的大自然盡力用她的美麗誘惑著人們。我們卻往往輕易讓它們錯過。

我知道，我以前就是如此。

我在約克市中心下了車，讓我的雙腳帶路，希望我還能靈活運用肌肉的記憶：它是否存在，是否烙印在我心中？

約克的人口眾多：他們低著頭匆忙上班，熙熙攘攘地走過，不像我拄著拐杖。我當時想轉身回家，回到安全的地方，但一想到門後等待著我的那個沉默的同伴，就足以說服我堅持走下去。

我朝河邊走去，路過一家家似曾相識的酒館……我看到一位女士正和朋友坐在露天桌旁，然而當我再回頭看時，她已不見蹤影。我繼續往城裡走，沿著綠樹成蔭的小路，一條小路分成兩條，一條供行人使用，一條供騎乘單車者使用。然後我又看到了她，就在她騎著粉紅色自行車匆匆經過的一瞬間。**我認識她**。

我現在來到河邊。我們一起走著，我讓小溪帶著我走。這些天來，逆流而上太複雜了，最好是隨波逐流，看看它會把我帶往哪裡。我經過停泊的船隻，是的，我記得它們，我也記得接下來的那座藍色的橋。我停了下來，凝視著，讓河水在沒有我的情況下繼續流淌片刻。這座橋的設計和結構並不特別漂亮，但它迎接著我，**就像一位老友**。

我追趕著河水，一腳踩在另一腳前面，然後穿過樹林，我看到了它：千禧大橋。我很快就到了橋上，當我的雙腳踩在那熟悉的老柏油路上時，又是一個陽光明媚的日子，空氣中充滿了嘰喳聲，來自人們，而不是鳥兒，孩子們高興地看著天鵝從身邊游過，父母把最後的舊麵包皮扔給牠們。我手裡拿著保溫瓶，加入人群，坐下來靜觀世界的變化，**和往常一樣**。

橋上有一個木製基座，我就坐在那裡，這時我又看到了她。這一次，她正在慢跑，臉上掛著笑容，風吹拂著她的頭髮——她看起來是那麼無憂無慮，那麼快樂。**我一眼就認出了她**。

「早安。」她經過我身邊時說。

她跑過我身邊時，我對她笑了笑，不知道該不該告訴她，再過一會兒，就在這座橋上，她會第一次摔倒，她不知道摔倒的原因，跌跌撞撞來到醫生的診間，渾身是血，鼻青臉腫，替她包紮的護士會拿跑步時的意外開玩笑，他們全都一笑置之，她以為這是一次意外。但在她的潛意識裡，她似乎已經隱隱知道。

不，也許最好讓她繼續跑下去，不受未來的阻礙。

然而，我還有其他事情想對她說……

它並不是你原先擔心的腦瘤。我能明白為什麼五十六歲的你第一個想到的會是腦瘤——否則為什麼你的雙腿會不聽大腦使喚？還要再過十八個月，醫生才會告訴你真正的答案，那時你會獨自坐在診間裡，聽著醫生解釋是什麼病侵入了你的大腦，這跟你做了什麼或沒做什麼無關，你只是運氣不好。

運氣不好。你也會對自己說這句話。但我想告訴你一個故事，它的結局與你已經在腦海中寫下的結局不同。我想告訴你，雖然你從未聽說過早發性失智症，但失智症這三個字很快就會成為你的常用語。不過，我想告訴你，起初感覺像是詛咒的東西，在很多方面會給你帶來你根本無法想像的快樂——沒錯，快樂。

我知道你會需要時間來接受這個診斷，我知道在很長一段時間裡，你會認為這是一個結束——你會把所有的檔案都準備好，因為你就是一個這樣的人。但如果我說這只是開始，你會相信我嗎？一個新的開始。是的，它充滿挑戰，也會有低谷。這是無法迴避的，但也會有高峰。真的是高峰。我等一下就會告訴你原因。

首先是你的兩個女兒，你生命中最重要的兩個人。你最先想到的是，有一天，你將不再認得她們。但讓我告訴你：你永遠都會認得她們。愛是你們之間的連結，即使像失智症這樣殘酷的疾病也無法割斷。我知道你現在很難接受自己忘記她們的生日，但沒關係，你會找到辦法的——你還記得「總會找到辦法」是讓你充滿力量的咒語吧？嗯，現在就是你比以往任何時候都更需要動用它的時候。你會在iPad上設置鬧鈴，確保自己不會忘記她們的生日。你會用自己想像不到的創新方式讓自己對她們有用。未來還會有很多快樂的時光，她們會讓你感到無比自豪，這是現在的你難以得知的。

我知道你現在如何告訴自己，你唯一能完全信任的人就是你自己。我知道在你的生命中，有人傷害過你，讓你失望過，讓你得出了這個結論——但我現在請求你信任我。

你一直都很低調，但絕非冷漠，只不過一個人獨處會讓你更快樂，但讓我告訴你，你將成為一個全新的人。這將是女孩們最先注意到的事情：你突然變得外向，變得願意分享自己的故事——但這也是迫不得已，因為你很震驚，人們對於這種疾病的認識竟是如此缺乏，而且不僅是一般大眾，就連很多的醫界人士也是如此。

你將成為一名教育者、運動家，激勵許許多多的人，他們的診斷結果與你一樣。的確，當初你收到診斷結果時，當醫生告訴你沒有希望時，你會陷入深深的憂鬱之中，但一旦你從憂鬱中走出來，你就會為其他人照亮道路。你會阻止他們患上憂鬱症，你會收到一位女士的電子郵件，她會告訴你，那個曾經害怕自己診斷結果的女子，現在她會說：「放馬過來。」你還會收到其他許多人的電子郵件，這會讓你覺得一切都是值得的。

我知道你現在無法想像這一切，但請相信我。

你知道你總是喜歡一切都井然有序吧？現在你會得到回報了。你可以躲開腦中的這個不速之客，只需透過一些小技巧，就能幫你安排好自己的生活、旅行，最重要的是，還能獨自生活，因為我知道，我真的知道，你有多重視獨立生活。當你忘記如何繫鞋帶時，莎拉會幫你找到附有鬆緊帶的鞋。當你走進新家的門，卻忘了它通向哪裡或是你剛從哪裡來時，你會拿起螺絲起子把那扇該死的門卸下來。對你來說，沒有什麼問題是不能解決的——事實上，你會陶醉於失智症帶來的挑戰。

你現在只有幾個親密的朋友，但這種疾病會讓你認識更多可愛的人，你會愛上他們，就像你已認識了他們一輩子一樣。記住「失智症新觀念」（Innovations in Dementia）這個名字，你將在那裡遇到值得信賴的人，他們既優秀又敬業。

我知道，現在有些時候，你晚上關燈後，房間裡充滿了黑暗，讓你感到孤獨，但如果我告訴你，你再也不會感到孤獨，你將遇到的這個大家族將陪伴你度過這個疾病，在那些不眠之夜，你只需打開手機，在社群媒體上找到一個朋友。是的，社群媒體。那個害怕科技的你將一去不復返，你將會擁抱科技：你的智慧手機、你的iPad、你的相機。在收到診斷結果幾週後，你就會開始撰寫部落格，全世界都能讀到你發布的文章。

我現在知道，當你跑過這座橋時，你會和其他人一樣，希望你的工作快點結束，好前去度週末，然而，儘管說出這件事會讓我痛心，但我不得不告訴你，你將無法繼續工作。這個世界還不曉得，失智症患者仍然可以發揮他們的專長，他們並不會因為被診斷出腦部疾病而在一夜之間喪失所有技能，就像我們必須適應環境一樣，工作場所也需要學會適應我們，但你將幫助人們學會適應這一切。你將幫助雇主支持他們的員工，你將幫助培訓護士照顧他們的病人，你將就失智症患者的需求為醫院和療養院提供建議，你將貢獻你的大腦供學者們研究（好吧，這可能會在你死後才發生！），你將因所有這一切付出而獲頒兩所大學頒發的榮譽博士學位，這令你為自己感到驕傲。

隨著病情的發展，不順遂的情況會越來越常見。幾個月後的某一天，你會在走出辦公室時，辨認不出周圍的任何東西。你會跌跌撞撞地沿著走廊走向廁所，希望沒有人在路上攔住你聊天，因為你根本不知道誰是誰，你會把自己關在一個小隔間裡，等待迷霧散去，等待世界重新回到你的視線中——是的，它會重新回來。

但總有一天，一切將不會好轉，可能是很多很多年以後，甚至連我都不知道是什麼時候，那將是唯一讓你害怕的事情。你會懇求人們理解這一點，他們會告訴你，即使到了那一天，即使你越過了臨界點，你也會是快樂的，但他們不像我這樣瞭解你——他們不知道，就算我現在在這座橋上攔住你，問你對協助死亡的看法，你也會給我同樣的答案：人們應該有權選擇，不該讓人們受苦。這個世界還需要多加努力。你希望你寫的最後一本書能幫助人們認識到這一點。

只要牢記一個事實，那就是，這些迷霧終將散去，至少截至目前為止，它都是這樣的。同樣，也不要為你需要放下的東西哀傷太久，其他東西會來取代它們的。我幾乎能聞到你放在家裡工作台上等待冷卻的檸檬蛋糕的香味，雖然你不能再照著食譜去做，不能再裝飾自己的房子，不能再開自己心愛的汽車，但我希望你能看到，我說的這些其他收穫將在某種程度上彌補所有的失去。

你將以步行代替開車，每天步行數英里。你仍然會去你心愛的天堂，英格蘭的湖區，雖然不是和你的摯友希維婭一道去，我現在無法解釋原因，因為未來有些事情還是不說的好。等待故事的發展，勇敢面對——為了你們倆：人生中的一些曲折和轉折最好還是在發生的那個當下面對，但你們會處理得當，就像你們一直以來那樣。

你會在凱斯威克找到一家很棒的小旅館，名叫「蘋果樹」，在那裡你會得到細心的照料。他們甚至會為角落裡的電視機上鋪上枕套，這樣黑色的螢幕就不會像牆上的大洞，因為這是我需要告訴你的關於失智症的另一件事：它改變的不僅僅是記憶，它也會改變你走路的方式（從你第一次摔倒那天起）、你的聽覺、你的視覺（你將採用「三十分鐘規則」，確認你看到的東西是真的存在，還是只是幻覺），甚至你的味覺。有一件事我必須告訴你：你將無法品嘗心愛的約克夏茶，在你失去的一切之中，我知道你會發現這是最難以割捨的事情之一。你會嘗試各種其他的茶，但沒有任何東西能夠取代「味蕾的饗宴」。但你最終會滿足於雙手捧著一杯淡淡的清茶，只為它帶來的舒適和陪伴。

失智症會給你帶來許多冒險。你還記得自己有多喜歡「三峰挑戰」（Three Peaks Challenge）吧？我要告訴你，與你將會做的其他一些事情相比，那簡直不值一提。如果我現在對你說，你會從飛機上跳傘，然後安然返回大地的懷抱，我知道你一定會驚恐萬分，但我們就是這樣，人生中總會有驚喜，有好，也有壞（我有沒有提到，你會遇到一位好萊塢巨星，她會在英國影藝學院電影獎的獲獎感言中提到你？[1] 也許我該把這個故事留著——我可不想讓你太自鳴得意）。

你現在已經越過了橋，我只能望著你的背影，你幾乎消失在我的視線之外。有時，我為失去你而感到悲傷，因為我與你已經相像甚少，但樂觀是我們共同的特點，這讓人欣慰不少。而更重要的，是我們對女兒們的愛：這是我們永遠的共同點，也是這種疾病永遠不會從我們身上奪走的東西。你不會再害怕任何事情，因為可能會發生在你身上的最糟糕的事情就是失智症，而這已經發生。但是，當你讀到我寫在這裡的話時……你確定這會是你可能遭遇的最糟糕的事情嗎？

我確定嗎？

你即將邁出最後一步離開大橋，在你離開之前，我必須告訴你最後一件事。你會遇到一個叫安娜．沃頓的作家，她會告訴你，你的經歷可以出版成一本書，但就連她當時也不知道，其實會有三本書，而且兩本會成為《週日泰晤士報》暢銷書，而你從這次改變人生的事件中積累的所有智慧，都將在她的幫助下寫入書中，這將成為你的遺產。這就是你要留下的東西，只要你還活著，它將持續改變你的一生。

你剛剛摔倒了，我看到你跌倒在地。我希望我能站起來幫你，但你看，你已經自己站起來了，腳步有些踉蹌，但你站起來了，你正拂去身上的塵土，你正轉過身看著人行道，想知道自己是在哪裡滑倒。但我可以告訴你，那裡什麼也沒有：是你大腦裡的疾病讓你摔了一跤。過不了多久，你就會知道這件事了，但是當你知道之後，請答應我，你會記住我告訴你的一切……

我拿著拐杖從座位上站起來，看了看錶，三十分鐘後有一班車。我決定原路折返。有那麼一瞬間，我轉過身去看那個女人，但那裡什麼也沒有，一個人也沒有——但我還是跟她說了聲再見，那個**我曾經熟悉的人**。

注釋

1 譯注：影星茱莉安・摩爾（Julianne Moore）因以失智症為主題的《我想念我自己》（*Still Alice*）獲頒英國影藝學院電影獎女主角獎。她邀請溫蒂出席該片的倫敦首映，並在獲獎感言中感謝她慷慨分享失智症患者的生活經驗。

致謝

沒有人知道人生會帶給我們什麼。人生不時拋給我們一記曲球，以離婚或意外死亡的形式出現。對我來說，那天獨自坐在診間，聆聽醫生診斷我罹患失智症，改變了我的一生。我以為這就是結局，因為沒有人告訴我會有什麼別的可能。我真是錯得離譜。相反地，我在這裡寫出我的感謝，不是第一次或第二次，而是第三次，儘管也會是最後一次。

多年前，我遇到了我的寫作夥伴安娜・沃頓，我的人生因此變得無比豐富。從最初的默默無聞，到現在我們已經成為一股不可忽視的力量，我希望我們的合作能透過這本書再次改變人們的觀點和對失智症的理解。對我來說，安娜現在是我一生的朋友，這一生能與我有如此真摯情感的人屈指可數。

感謝羅伯特・卡斯基（Robert Caskie）對我們的悉心照顧。還要感謝布魯姆斯伯里（Bloomsbury）團隊，尤其是亞力克西斯・基爾希鮑姆（Alexis Kirschbaum）對我們的最後一本書寄予的信任。還有他領軍的出色團隊，尤其是將我的文章組織得有條不紊的喬尼・考沃德（Jonny Coward），以及莎妮卡・希斯洛普（Shanika Hyslop）、凱特・夸里（Kate Quarry）、法蘭西斯科・維勒納（Francisco Vilhena）、阿瑞爾・帕基耶（Ariel Pakier）、艾庫阿・博滕（Akua Boateng）、大衛・曼（David Mann）和史蒂芬妮・雷斯本（Stephanie Rathbone）。

衷心感謝在我們撰寫本書的過程中同意受訪的所有人，他們非常令人欽佩，沒有他們，我們不可能寫出如此震撼人心的作品。其中包括我的摯友希維婭，感謝她允許我分享她和她丈夫大衛的故事。我最親愛的朋友茱莉和特瑞，感謝他們允許我分享傑森的故事。凱薩琳・伍德，感謝她與我分享了她作為照護者的經歷和她的博士研究成果。喬恩・安德伍德所設立的英國死亡咖啡館，以及他的母親蘇珊・巴斯基・里德。艾莉・迪金遜和英國臨終陪伴員。埃絲特・拉姆斯—瓊斯分享了她親愛的母親喬伊絲的故事。莎拉・德魯蒙德和她的姐妹們分享了她們的母親希瑟的故事。來自「臨終關懷」組織的埃莉・鮑爾（Ellie Ball）和莎拉・馬利克。克蕾爾・富勒慷慨地抽出時間整理我的預立醫療自主計畫。莫莉・巴特雷、凱薩琳・曼尼克斯、雷蓓嘉・蘭利、彼得・霍爾加藤、珍・古爾德（Jane Gould）、保羅・布洛姆菲爾德議員和蘭達夫的伊蘿拉・芬萊女爵，感謝他們願意抽出時間與我交談。

接著我要將感謝獻給我所有罹患失智症的朋友們。尤其是我的三位朋友：朵莉、蓋兒和喬治。沒有他們，我和為失智症患者成立的「失智症新觀念」將感到迷茫和孤獨。這個非營利組織麻雀雖小，卻巧妙地將人們集結在一起，他們是菲利（Philly）、拉切爾（Rachael）、瑞秋（Rachel）、史蒂夫（Steve）和達米安（Damian），他們沒有意識到自己為失智症患者提供了多大的幫助，他們給了我們真正的聲音，並不斷鼓勵和幫助我們說出自己的想法，讓我們的聲音被傾聽，堪稱慈善機構中做得最好的。

最後，我一如既往要向我生命中最重要的五個人表達我的愛和謝意。首先是我生命中最重要的人，莎拉、潔瑪和史都華。沒有他們的支持、理解和歡笑，我的世界將只是一具空殼，也不會有今天的我。還有我的寵物，比利和梅林，牠們無條件的愛和毛茸茸的擁抱給我帶來了無盡的歡樂。

請隨時閱讀並關注我發表的眾多分享文：www.whichmeamitoday.wordpress.com。或關注我的推特：@WendyPMitchell。

畢柳鶯醫師想請你思考的三階段選擇

若你或你的親友罹患無復原可能嚴重傷病，請你思考以下的三階段選擇：

一、有決策能力時，自主停止飲食，斷食善終。

二、無進食能力時，拒絕插管，自然善終。

三、插管臥床多時，撤除管路，重獲自由。

相關資源

英國

以下資訊概述了預立醫療自主計畫的關鍵要素。這裡有關於一般資訊、對預立醫療自主計畫展開對話的支持，以及可供預立醫療自主計畫的具體資源，例如制定拒絕治療之預立醫療決定書。還有其他更多可用的資源，你的本地醫生或臨終關懷機構可以提供你本地的相關資訊。

預立醫療自主計畫是一個過程，而不是一種形式，它會隨著人生的發展而改變。它是整個人生規劃的一部分，而不是只與生命末期的人有關。要邁出第一步，請開始與你所愛的人討論什麼對你才最重要。

一般預立醫療自主計畫（相當於台灣《病人自主權利法》之預立醫療照護諮商）

英國國民保健署關於預立意願和偏好聲明的資訊：

www.nhs.uk/conditions/end-of-life-care/advance-statement

討論「喜悅清單」如何協助建立「預立意願和偏好聲明」的播客：

speakforme.co.uk/podcast-episode-21

有關預立醫療自主計畫的範本和資訊：

advancecareplan.org.uk/advance-care-plan-journey

英國國民保健署關於預立醫療自主計畫的通用原則資訊：

www.england.nhs.uk/wp-content/uploads/2022/03/universal-principles-for-advance-care-planning.pdf

學習障礙者的臨終關懷，包括關於預立醫療自主計畫資訊：

www.pcpld.org/links-and-resources

「與克蕾爾．富勒就預立醫療自主計畫進行對話」，這是一個探討預立醫療自主計畫是什麼、如何進行以及為何要進行的播客：

speakforme.co.uk/podcast-2

英國安寧緩和醫療組織的「臨終很重要」（Dying Matters）運動與你一起努力創造

一種開放的文化，讓我們能夠自在地談論死亡、臨終和傷慟：

www.hospiceuk.org/our-campaigns/dying-matters

拒絕治療之預立醫療決定書

英國國民保健署關於拒絕治療之預立醫療決定書的資訊：

www.nhs.uk/conditions/end-of-life-care/advance-decision-to-refuse-treatment

「臨終關懷」組織：

compassionindying.org.uk/how-we-can-help/living-will-advance-decision

探討拒絕治療之預立醫療決定書的播客：

speakforme.co.uk/podcast-episode-7

器官捐贈

英國國民保健署有關器官捐贈的資訊：

www.organdonation.nhs.uk

器官捐贈法律相關資訊：

www.organdonation.nhs.uk/uk-laws/organ-donation-law-in-england

探討意外死亡後的希望和轉變的播客：

speakforme.co.uk/podcast-episode-20

不嘗試施行心肺復甦術

英國復甦委員會關於不嘗試施行心肺復甦術和緊急護理和治療摘要表的資訊：

www.resus.org.uk/public-resource/cpr-decisions-and-dnacpr

英國國民保健署關於不嘗試施行心肺復甦術的資訊：

www.nhs.uk/conditions/do-not-attempt-cardiopulmonary-resuscitation-dnacpr-decisions/

佐伊・弗裡茨（Zoe Fritz）醫生探討緊急護理和治療摘要表發展的播客：

speakforme.co.uk/podcast-episode-39

身後遺產

探討對逝者的回憶的播客：

speakforme.co.uk/podcast-episode-18

數位遺產：

digitallegacyassociation.org

永久授權書

有關如何製作、登記或終止永久授權書的資訊：

www.gov.uk/power-of-attorney

「為我代言」永久授權書：

speakforme.co.uk/services

「永久授權書」活動：

powerofattorney.campaign.gov.uk

支持預立醫療自主計畫的對話

居禮夫人紀念基金會對話卡片：

www.mariecurie.org.uk/talkabout

預立醫療自主計畫工具包：

advancecareplanning.org.uk/planning-ahead

「什麼才重要」對話：

www.whatmattersconversations.org

「什麼對你最重要」：

www.whatmatterstoyou.scot

書籍：*Listen*, Kathryn Mannix (HarperCollins, 2022)

支持訂立預立醫療自主計畫

「我的醫療規劃很重要」手冊：

mycarematters.org/store/posters-prints-books/my-future-care-handbook

「我的意願」：

www.mywishes.co.uk

為制定預立醫療自主計畫提供的建議和支援：

speakforme.co.uk/advance-care-planning-service

以上清單由預立醫療自主計畫宣導者克蕾爾・富勒精心編輯而成。請造訪www.speakforme.co.uk瞭解更多有關克雷爾及其工作的資訊。

台灣

衛生福利部預立醫療決定、安寧緩和醫療及器官捐贈意願資訊系統：

https://hpcod.mohw.gov.tw/HospWeb/

該網站分為「預立醫療決定」、「安寧緩和醫療」、「器官捐贈」三個部分。可在該網站線上簽署與下載《預立醫療決定書》、《預立安寧緩和醫療暨維生醫療抉擇意願書》、《器官捐贈同意書》、《預立安寧緩和醫療暨維生醫療抉擇撤回聲明書》以及《器官捐贈意願撤回聲明書》（https://hpcod.mohw.gov.tw/HospWeb/RWD/PageType/download/mb_download.aspx）。

財團法人中華民國（台灣）安寧照顧基金會：

網址：https://www.hospice.org.tw/

免付費諮詢專線：0800-008-520

財團法人器官捐贈移植登錄及病人自主推廣中心：

網址：https://www.torsc.org.tw/

免付費服務電話：0800-888-067、0800-008-545

台灣安寧照顧協會：

https://www.tho.org.tw/

除衛福部公告之意願書及撤回聲明書外，該網站另有「若當事人意識不清楚且未簽署預立安寧緩和醫療暨維生抉擇意願書，臨床上面臨疾病末期且無法表達意願的狀態時」，可由最近親屬簽署的《不施行心肺復甦術同意書》、《不施行維生醫療同意書》參考範本，以及「若簽署者因特別因素無法於當下決定簽署，可事先委任代理人。未來若意識昏迷或無法清楚表達意願時，可由當初委任之代理人代為進行意願書之簽署或撤回」之《醫療委任代理人委任書》參考範本。

病人自主權利法

第 1 條

為尊重病人醫療自主、保障其善終權益，促進醫病關係和諧，特制定本法。

第 2 條

本法所稱主管機關：在中央為衛生福利部；在直轄市為直轄市政府；在縣（市）為縣（市）政府。

第 3 條

本法名詞定義如下：

一、維持生命治療：指心肺復甦術、機械式維生系統、血液製品、為特定疾病而設之專門治療、重度感染時所給予之抗生素等任何有可能延長病人生命之必要醫療措施。

二、人工營養及流體餵養：指透過導管或其他侵入性措施餵養食物與水分。

三、預立醫療決定：指事先立下之書面意思表示，指明處於特定臨床條件時，希望接受或拒絕之維持生命治療、人工營養及流體餵養或其他與醫療照護、善終等相關意願之決定。

四、意願人：指以書面方式為預立醫療決定之人。

五、醫療委任代理人：指接受意願人書面委任，於意願人意識昏迷或無法清楚表達意願時，代理意願人表達意願之人。

六、預立醫療照護諮商：指病人與醫療服務提供者、親屬或其他相關人士所進行之溝通過程，商討當病人處於特定臨床條件、意識昏迷或無法清楚表達意願時，對病人應提供之適當照護方式以及病人得接受或拒絕之維持生命治療與人工營養及流體餵養。

七、緩和醫療：指為減輕或免除病人之生理、心理及靈性痛苦，施予緩解性、支持性之醫療照護，以增進其生活品質。

第4條

病人對於病情、醫療選項及各選項之可能成效與風險預後，有知情之權利。對於醫師提供之醫療選項有選擇與決定之權利。

病人之法定代理人、配偶、親屬、醫療委任代理人或與病人有特別密切關係之人（以下統稱關係人），不得妨礙醫療機構或醫師依病人就醫療選項決定之作為。

第5條

病人就診時，醫療機構或醫師應以其所判斷之適當時機及方式，將病人之病情、治療方針、處置、用藥、預後情形及可能之不良反應等相關事項告知本人。病人未明示反對時，亦得告知其關係人。

病人為無行為能力人、限制行為能力人、受輔助宣告之人或不能為意思表示或受意思表示時，醫療機構或醫師應以適當方式告知本人及其關係人。

第6條

病人接受手術、中央主管機關規定之侵入性檢查或治療前，醫療機構應經病人或關係人同意，簽具同意書，始得為之。但情況緊急者，不在此限。

第7條

醫療機構或醫師遇有危急病人，除符合第十四條第一項、第二項及安寧緩和醫療條例相關規定者外，應先予適當急救或採取必要措施，不得無故拖延。

第8條

具完全行為能力之人，得為預立醫療決定，並得隨時以書面撤回或變更之。

前項預立醫療決定應包括意願人於第十四條特定臨床條件時，接受或拒絕維持生命治療或人工營養及流體餵養之全部或一部。

預立醫療決定之內容、範圍及格式，由中央主管機關定之。

第9條

意願人為預立醫療決定，應符合下列規定：

一、經醫療機構提供預立醫療照護諮商，並經其於預立醫療決定上核章證明。

二、經公證人公證或有具完全行為能力者二人以上在場見證。

三、經註記於全民健康保險憑證。

意願人、二親等內之親屬至少一人及醫療委任代理人應參與前項第一款預立醫療照護諮商。經意願人同意之親屬亦得參與。但二親等內之親屬死亡、失蹤或具特殊事由時，得不參與。

第一項第一款提供預立醫療照護諮商之醫療機構，有事實足認意願人具心智缺陷或非出於自願者，不得為核章證明。

意願人之醫療委任代理人、主責照護醫療團隊成員及第十條第二項各款之人不得為第一項第二款之見證人。

提供預立醫療照護諮商之醫療機構，其資格、應組成之諮商團隊成員與條件、程序及其他應遵循事項之辦法，由中央主管機關定之。

第10條

意願人指定之醫療委任代理人，應以成年且具行為能力之人為限，並經其書面同意。

下列之人，除意願人之繼承人外，不得為醫療委任代理人：

一、意願人之受遺贈人。

二、意願人遺體或器官指定之受贈人。

三、其他因意願人死亡而獲得利益之人。

醫療委任代理人於意願人意識昏迷或無法清楚表達意願時，代理意願人表達醫療意願，其權限如下：

一、聽取第五條之告知。

二、簽具第六條之同意書。

三、依病人預立醫療決定內容，代理病人表達醫療意願。

醫療委任代理人有二人以上者，均得單獨代理意願人。

醫療委任代理人處理委任事務，應向醫療機構或醫師出具身分證明。

第11條

醫療委任代理人得隨時以書面終止委任。

醫療委任代理人有下列情事之一者，當然解任：

一、因疾病或意外，經相關醫學或精神鑑定，認定心智能力受損。

二、受輔助宣告或監護宣告。

第12條

中央主管機關應將預立醫療決定註記於全民健康保險憑證。

意願人之預立醫療決定，於全民健康保險憑證註記前，應先由醫療機構以掃描電子檔存記於中央主管機關之資料庫。

經註記於全民健康保險憑證之預立醫療決定，與意願人臨床醫療過程中書面明示之意思表示不一致時，應完成變更預立醫療決定。

前項變更預立醫療決定之程序，由中央主管機關公告之。

第13條

意願人有下列情形之一者，應向中央主管機關申請更新註記：

一、撤回或變更預立醫療決定。

二、指定、終止委任或變更醫療委任代理人。

第14條

病人符合下列臨床條件之一，且有預立醫療決定者，醫療機構或醫師得依其預立醫療決定終止、撤除或不施行維持生命治療或人工營養及流體餵養之全部或一部：

一、末期病人。

二、處於不可逆轉之昏迷狀況。

三、永久植物人狀態。

四、極重度失智。

五、其他經中央主管機關公告之病人疾病狀況或痛苦難以忍受、疾病無法治癒且依當時醫療水準無其他合適解決方法之情形。

前項各款應由二位具相關專科醫師資格之醫師確診，並經緩和醫療團隊至少二次照會確認。

醫療機構或醫師依其專業或意願，無法執行病人預立醫療決定時，得不施行之。

前項情形，醫療機構或醫師應告知病人或關係人。

醫療機構或醫師依本條規定終止、撤除或不施行維持生命治療或人工營養及流體餵養之全部或一部，不負刑事與行政責任；因此所生之損害，除有故意或重大過失，且違反病人預立醫療決定者外，不負賠償責任。

第15條

醫療機構或醫師對前條第一項第一款及第五款之病人，於開始執行預立醫療決定前，應向有意思能力之意願人確認該決定之內容及範圍。

第16條

醫療機構或醫師終止、撤除或不施行維持生命治療或人工營養及流體餵養時，應提供病人緩和醫療及其他適當處置。醫療機構依其人員、設備及專長能力無法提供時，應建議病人轉診，並提供協助。

第17條

醫療機構或醫師應將其所執行第十二條第三項、第十四條及第十五條規定之事項，詳細記載於病歷；同意書、病人之書面意思表示及預立醫療決定應連同病歷保存。

第18條

本法施行細則，由中央主管機關定之。

第19條

本法自公布後三年施行。

本法修正條文，自公布日施行。

病人自主權利法施行細則

第 1 條

本細則依病人自主權利法（以下簡稱本法）第十八條規定訂定之。

第 2 條

本法第三條第四款意願人，應符合本法第八條第一項規定，具完全行為能力，並依本法第九條第一項規定，參加全民健康保險，領有全民健康保險憑證。

本法第三條第六款所稱病人，指前項意願人。

第 3 條

病人為無行為能力或限制行為能力者，其法定代理人不受本法第四條第二項不得妨礙醫療選項決定之限制。但病人具完全行為能力時，已預立醫療決定者，應受本法第四條第二項規定之限制。

第4條

醫療機構或醫師依本法第五條告知時，因病人及在場關係人之語言、文化因素，或有聽覺、語言功能或其他障礙，致溝通困難者，得由受有相關訓練之人員協助。

第5條

本法第六條所定同意，應以病人同意為優先，病人未明示反對時，得以關係人同意為之。

病人為限制行為能力人、受輔助宣告，或意思表示能力，顯有不足者，除病人同意外，應經關係人同意。

病人為無行為能力、意識昏迷或無法清楚表達意願者，應經關係人同意。

第6條

意願人依本法第八條第一項規定，以書面撤回或變更預立醫療決定者，應向醫療機構為之；醫療機構應以掃描電子檔存記於本法第十二條第二項中央主管機關之資料庫，並由中央主管機關更新註記於全民健康保險憑證。

第7條

醫療委任代理人不為本法第十條第三項第三款代理意願人表達醫療意願，或經醫療機構確認無法聯繫時，意願人之預立醫療決定，不予執行。

意願人委任醫療委任代理人二人以上者，得就本法第十條第三項第三款預立醫療決定所定權限，指定順位；先順位者不為意思表示或無法聯繫時，由後順位者行使之。後順位者已為意思表示後，先順位者不得提出不同意思表示。

第8條

意願人於臨床醫療過程中，其書面明示之意思表示，與本法第十二條第一項全民健康保險憑證之預立醫療決定註記，或同條第二項預立醫療決定掃描電子檔不一致時，意願人依第六條撤回或變更前，醫療機構應依其書面明示之意思表示為之。但意願人書面意思表示之內容，係選擇不接受維持生命治療或人工營養及流體餵養者，於撤回或變更程序完成前，醫師仍應依原預立醫療決定註記或醫療決定掃描電子檔之內容為之。

第9條

意願人之預立醫療決定，依本法第十二條第二項規定存記於中央主管機關資料庫者，其掃描電子檔之效力，與預立醫療決定正本相同。

第10條

本法第十四條第一項第一款所定末期病人，依安寧緩和醫療條例第三條第二款規定。

前項末期病人之確診，應由二位與該疾病診斷或治療相關之專科醫師為之。

第11條

本法第十四條第一項第二款所稱不可逆轉之昏迷狀況，指因腦部病變，經檢查顯示符合下列情形之一之持續性重度昏迷：

一、因外傷所致，經診察其意識超過六個月無恢復跡象。

二、非因外傷所致，經診察其意識超過三個月無恢復跡象。

三、有明確醫學證據確診腦部受嚴重傷害，極難恢復意識。

前項診察及確診，應由二位神經醫學相關之專科醫師為之。

第12條

本法第十四條第一項第三款所稱永久植物人狀態，指因腦部病變，經檢查顯示符合下列情形之一之植物人狀態：

一、因外傷所致，其植物人狀態超過六個月無改善跡象。

二、非因外傷所致，其植物人狀態超過三個月無改善跡象。

前項確診，應由二位神經醫學相關之專科醫師為之。

第13條

本法第十四條第一項第四款所稱極重度失智，指確診失智程度嚴重，持續有意識障礙，導致無法進行生活自理、學習或工作，並符合下列情形之一者：

一、臨床失智評估量表（Clinical Dementia Rating）達三分以上。

二、功能性評估量表（Functional Assessment Staging Test）達七分以上。

前項確診，應由二位神經或精神醫學相關之專科醫師為之。

第14條

本法第十四條第一項第五款所定情形，由中央主管機關召開會議後公告之。

前項會議前，病人、關係人、病友團體、醫療機構、醫學專業團體得檢具相關文件、資料，向中央主管機關提出建議。

第15條

本法第十四條第二項所定緩和醫療團隊至少二次照會確認，為在相關專科醫師確診後，協助確認本法第八條第二項病人之預立醫療決定及其內容。

第16條

醫療機構或醫師依本法第十四條第三項規定不施行病人預立醫療決定時，應建議病人轉診，並提供協助。

第17條

本細則自本法施行之日施行。

提供預立醫療照護諮商之醫療機構管理辦法

第 1 條

本辦法依病人自主權利法（以下簡稱本法）第九條第五項規定訂定之。

第 2 條

直轄市、縣（市）主管機關應就符合下列條件之醫院，指定其為預立醫療照護諮商機構（以下簡稱諮商機構），提供預立醫療照護諮商：

一、一般病床二百床以上。

二、經醫院評鑑通過之醫院。

前項以外之醫院、診所具特殊專長，或位於離島、山地或其他偏遠地區，向直轄市、縣（市）主管機關申請並經同意者，得為諮商機構，提供預立醫療照護諮商，不受前項規定之限制。

第3條

前條第一項諮商機構，應指定預立醫療照護諮商專責單位，並符合下列規定：

一、諮商處所應有明顯區隔之獨立空間，並具隱密性；設施、設備具舒適及便利性。

二、提供臨櫃、語音及網路掛號服務。

三、提供預立醫療照護諮商資訊網頁。

第4條

諮商機構應組成預立醫療照護諮商團隊（以下簡稱諮商團隊），至少包括下列人員：

一、醫師一人：應具有專科醫師資格。

二、護理人員一人：應具有二年以上臨床實務經驗。

三、心理師或社會工作人員一人：應具有二年以上臨床實務經驗。

第二條第二項諮商機構，得就前項第二款或第三款人員擇一設置。

第一項人員，應完成中央主管機關公告之預立醫療照護諮商訓練課程。

第5條

諮商機構於諮商前，應提供意願人下列資訊及資料：

一、依本法規定應參與及得參與諮商之人員。

二、意願人得指定醫療委任代理人，並備妥醫療委任書。

三、預立醫療決定書及相關法令資料。

四、諮商費用之相關資訊。

五、其他協助意願人作成預立醫療決定之相關資料。

第6條

諮商團隊應向意願人及參與者為下列之說明：

一、意願人依本法擁有知情、選擇及決定權。

二、終止、撤除或不施行維持生命治療或人工營養及流體餵養應符合之特定臨床條件。

三、預立醫療決定書之格式及其法定程序。

四、預立醫療決定書之變更及撤回程序。

五、醫療委任代理人之權限及終止委任、當然解任之規定。

諮商機構應就諮商之過程作成紀錄，並經意願人及參與者簽名；其紀錄應併同病歷保存。

諮商機構於完成諮商後，應於決定書上核章交予意願人。但經諮商團隊判斷意願人具有心智缺陷而無意思能力，或非出於自願者，依本法第九條第三項規定，不得為核章證明。

第7條

簽署預立醫療決定之意願人為住院病人者，其直接負責該意願人照護之主治醫師及護理人員，依本法第九條第四項規定，不得為見證人。

第8條

意願人無二親等內親屬，或二親等內親屬因死亡、失蹤或具特殊事由無法參與預立醫療照護諮商時，應由意願人以書面提出無法參與之事由或檢具相關證明。

第 9 條

諮商機構得經直轄市、縣（市）主管機關核准，酌收諮商費用。

第 10 條

本辦法自本法施行之日施行。

安寧緩和醫療條例

第1條

為尊重末期病人之醫療意願及保障其權益，特制定本條例。

第2條

本條例所稱主管機關：在中央為行政院衛生署；在直轄市為直轄市政府；在縣（市）為縣（市）政府。

第3條

本條例專用名詞定義如下：

一、安寧緩和醫療：指為減輕或免除末期病人之生理、心理及靈性痛苦，施予緩解性、支持性之醫療照護，以增進其生活品質。

二、末期病人：指罹患嚴重傷病，經醫師診斷認為不可治癒，且有醫學上之證據，近期內病程進行至死亡已不可避免者。

三、心肺復甦術：指對臨終、瀕死或無生命徵象之病人，施予氣管內插管、體外心臟按壓、急救藥物注射、心臟電擊、心臟人工調頻、人工呼吸等標準急救程序或其他緊急救治行為。

四、維生醫療：指用以維持末期病人生命徵象，但無治癒效果，而只能延長其瀕死過程的醫療措施。

五、維生醫療抉擇：指末期病人對心肺復甦術或維生醫療施行之選擇。

六、意願人：指立意願書選擇安寧緩和醫療或作維生醫療抉擇之人。

第4條

末期病人得立意願書選擇安寧緩和醫療或作維生醫療抉擇。

前項意願書，至少應載明下列事項，並由意願人簽署：

一、意願人之姓名、國民身分證統一編號及住所或居所。

二、意願人接受安寧緩和醫療或維生醫療抉擇之意願及其內容。

三、立意願書之日期。

意願書之簽署，應有具完全行為能力者二人以上在場見證。但實施安寧緩和醫療及執行意願人維生醫療抉擇之醫療機構所屬人員不得為見證人。

第 5 條

成年且具行為能力之人，得預立第四條之意願書。

前項意願書，意願人得預立醫療委任代理人，並以書面載明委任意旨，於其無法表達意願時，由代理人代為簽署。

第 6 條

意願人得隨時自行或由其代理人，以書面撤回其意願之意思表示。

第 6-1 條

經第四條第一項或第五條之意願人或其醫療委任代理人於意願書表示同意，中央主管機關應將其意願註記於全民健康保險憑證（以下簡稱健保卡），該意願註記之效力與意願書正本相同。但意願人或其醫療委任代理人依前條規定撤回意願時，應通報中央主管機關廢止該註記。

前項簽署之意願書，應由醫療機構、衛生機關或受中央主管機關委託之法人以掃描電子檔存記於中央主管機關之資料庫後，始得於健保卡註記。

經註記於健保卡之意願，與意願人臨床醫療過程中書面明示之意思表示不一致時，以意願人明示之意思表示為準。

第7條

不施行心肺復甦術或維生醫療，應符合下列規定：

一、應由二位醫師診斷確為末期病人。

二、應有意願人簽署之意願書。但未成年人簽署意願書時，應得其法定代理人之同意。未成年人無法表達意願時，則應由法定代理人簽署意願書。

前項第一款之醫師，應具有相關專科醫師資格。

末期病人無簽署第一項第二款之意願書且意識昏迷或無法清楚表達意願時，由其最近親屬出具同意書代替之。無最近親屬者，應經安寧緩和醫療照會後，依末期病人最大利益出具醫囑代替之。同意書或醫囑均不得與末期病人於意識昏迷或無法清楚表達意願前明示之意思表示相反。

前項最近親屬之範圍如下：

一、配偶。

二、成年子女、孫子女。

三、父母。

四、兄弟姐妹。

五、祖父母。

六、曾祖父母、曾孫子女或三親等旁系血親。

七、一親等直系姻親。

末期病人符合第一項至第四項規定不施行心肺復甦術或維生醫療之情形時，原施予之心肺復甦術或維生醫療，得予終止或撤除。

第三項最近親屬出具同意書，得以一人行之；其最近親屬意思表示不一致時，依第四項各款先後定其順序。後順序者已出具同意書時，先順序者如有不同之意思表示，應於不施行、終止或撤除心肺復甦術或維生醫療前以書面為之。

第8條

醫師應將病情、安寧緩和醫療之治療方針及維生醫療抉擇告知末期病人或其家屬。但病人有明確意思表示欲知病情及各種醫療選項時，應予告知。

第9條

醫師應將第四條至前條規定之事項，詳細記載於病歷；意願書或同意書並應連同病歷保存。

第10條

醫師違反第七條規定者，處新臺幣六萬元以上三十萬元以下罰鍰，並得處一個月以上一年以下停業處分或廢止其執業執照。

第11條

醫師違反第九條規定者，處新臺幣三萬元以上十五萬元以下罰鍰。

第12條

本條例所定之罰鍰、停業及廢止執業執照，由直轄市、縣（市）主管機關處罰之。

第13條

（刪除）

第14條

本條例施行細則，由中央主管機關定之。

第15條

本條例自公布日施行。

國家圖書館出版品預行編目資料

我們該談談人生的最後一件事：善終，是留給準備好的人 / 溫蒂·蜜雪兒（Wendy Mitchell），安娜·沃頓（Anna Wharton）；盧相如 譯. -- 初版. -- 臺北市：商周出版，城邦文化事業股份有限公司出版：英屬蓋曼群島商家庭傳媒股份有限公司城邦分公司發行，民112.10
面； 公分
譯自：One last thing
ISBN 978-626-318-868-6（平裝）
1. CST: 生命倫理學　2. CST: 生死學
197.1　　112015408

我們該談談人生的最後一件事：

善終，是留給準備好的人

原著書名 / One Last Thing
作　　者 / 溫蒂·蜜雪兒（Wendy Mitchell）、安娜·沃頓（Anna Wharton）
譯　　者 / 盧相如
責任編輯 / 李尚遠

版　　權 / 林易萱
行銷業務 / 周丹蘋、賴正祐
總 編 輯 / 楊如玉
總 經 理 / 彭之琬
事業群總經理 / 黃淑貞
發 行 人 / 何飛鵬
法律顧問 / 元禾法律事務所　王子文律師
出　　版 / 商周出版
城邦文化事業股份有限公司
臺北市中山區民生東路二段141號9樓
電話：(02) 2500-7008 傳眞：(02) 2500-7759
E-mail：bwp.service@cite.com.tw
Blog：http://bwp25007008.pixnet.net/blog
發　　行 / 英屬蓋曼群島商家庭傳媒股份有限公司城邦分公司
臺北市中山區民生東路二段141號11樓
書虫客服服務專線：(02) 2500-7718・(02) 2500-7719
24小時傳眞服務：(02) 2500-1990・(02) 2500-1991
服務時間：週一至週五09:30-12:00・13:30-17:00
郵撥帳號：19863813　戶名：書虫股份有限公司
讀者服務信箱E-mail：service@readingclub.com.tw
歡迎光臨城邦讀書花園　網址：www.cite.com.tw
香港發行所 / 城邦（香港）出版集團有限公司
香港灣仔駱克道193號東超商業中心1樓
電話：(852) 2508-6231　傳眞：(852) 2578-9337
E-mail：hkcite@biznetvigator.com
馬新發行所 / 城邦（馬新）出版集團 Cité (M) Sdn. Bhd.
41, Jalan Radin Anum, Bandar Baru Sri Petaling,
57000 Kuala Lumpur, Malaysia
電話：(603) 9056-3833　傳眞：(603) 9057-6622
Email：services@cite.my

封面設計 / 周家瑤
排　　版 / 新鑫電腦排版工作室
印　　刷 / 韋懋印刷有限公司
經 銷 商 / 聯合發行股份有限公司
電話：(02) 2917-8022　傳眞：(02) 2911-0053
地址：新北市231新店區寶橋路235巷6弄6號2樓

■2023年（民112）10月初版
定價 450 元

Printed in Taiwan
城邦讀書花園
www.cite.com.tw

ISBN 978-626-318-868-6

商周出版

廣　　告　　回
北區郵政管理登
台北廣字第0007
郵資已付，免貼

104台北市民生東路二段141號11樓
英屬蓋曼群島商家庭傳媒股份有限公司　城邦分公

請沿虛線對摺，謝謝！

商周出版

書號：BK5212	**書名：**我們該談談人生的最後一件事	**編碼：**

請於此處用膠水黏貼

商周出版

讀者回函卡

線上版讀者回函卡

感謝您購買我們出版的書籍！請費心填寫此回函卡，我們將不定期寄上城邦集團最新的出版訊息。

姓名：＿＿＿＿＿＿＿＿ 性別：□男 □女

生日：西元＿＿＿＿年＿＿＿＿月＿＿＿＿日

地址：＿＿＿＿＿＿＿＿

聯絡電話：＿＿＿＿＿＿＿＿ 傳真：＿＿＿＿＿＿＿＿

E-mail ：

學歷：□ 1. 小學 □ 2. 國中 □ 3. 高中 □ 4. 大學 □ 5. 研究所以上

職業：□ 1. 學生 □ 2. 軍公教 □ 3. 服務 □ 4. 金融 □ 5. 製造 □ 6. 資訊
□ 7. 傳播 □ 8. 自由業 □ 9. 農漁牧 □ 10. 家管 □ 11. 退休
□ 12. 其他＿＿＿＿＿＿＿＿

您從何種方式得知本書消息？
□ 1. 書店 □ 2. 網路 □ 3. 報紙 □ 4. 雜誌 □ 5. 廣播 □ 6. 電視
□ 7. 親友推薦 □ 8. 其他＿＿＿＿＿＿＿＿

您通常以何種方式購書？
□ 1. 書店 □ 2. 網路 □ 3. 傳真訂購 □ 4. 郵局劃撥 □ 5. 其他＿＿＿＿

您喜歡閱讀那些類別的書籍？
□ 1. 財經商業 □ 2. 自然科學 □ 3. 歷史 □ 4. 法律 □ 5. 文學
□ 6. 休閒旅遊 □ 7. 小說 □ 8. 人物傳記 □ 9. 生活、勵志 □ 10. 其他

對我們的建議：＿＿＿＿＿＿＿＿

＿＿＿＿＿＿＿＿

＿＿＿＿＿＿＿＿

【為提供訂購、行銷、客戶管理或其他合於營業登記項目或章程所定業務之目的，城邦出版人集團（即英屬蓋曼群島商家庭傳媒（股）公司城邦分公司、城邦文化事業（股）公司），於本集團之營運期間及地區內，將以電郵、傳真、電話、簡訊、郵寄或其他公告方式利用您提供之資料（資料類別：C001、C002、C003、C011 等）。利用對象除本集團外，亦可能包括相關服務的協力機構。如您有依個資法第三條或其他需服務之處，得致電本公司客服中心電話 02-25007718 請求協助。相關資料如為非必要項目，不提供亦不影響您的權益。】

1.C001 辨識個人者：如消費者之姓名、地址、電話、電子郵件等資訊。
2.C002 辨識財務者：如信用卡或轉帳帳戶資訊。
3.C003 政府資料中之辨識者：如身分證字號或護照號碼（外國人）。
4.C011 個人描述：如性別、國籍、出生年月日。

請於此處用膠水黏貼